소통, 생각의 흐름

정신의학 전문의 하지현 교수가 제안하는
지식과 감성의 튜닝

# 소통,
communication
## 생각의 흐름

하지현 지음(건국대 정신건강의학과 교수)

해냄

•차례

# 당신에게는
# 인생의 매듭을 푸는
# 열쇠가 있습니까?

　　살아갈수록 더욱 어려운 것이 사람 관계라고들 말한다. 또는 열 길 물속은 알아도 한 길 사람 속은 모른다고 하소연을 한다. 벗겨도 벗겨도 새로운 모습이 나타나는 양파같이 매번 새롭고 오리무중이라, 사람 만나기가 무섭다는 말도 한다. 특히 한두 번 사람으로 인해 상처 받고 아파본 사람은 더욱 그렇다.

　　인터넷과 스마트폰을 일상적으로 사용하고 SNS(Social Networking Service)를 광범위하게 이용하면서 이제 시간과 장소의 제한은 무의미해질 정도로 인간과 인간을 이어주는 방법이 폭발적으로 늘어났다. 지하철을 타면 모두가 스마트폰에 시선을 고정한 채 누군가와 손으로 대화한다.

이렇게 탄탄하고 촘촘하게 이어져 있지만, 어딘지 모르게 헛헛한 마음은 사라지지 않고 더해가는 것만 같다. 더욱이 일상적으로 마주치는 사람들에게 상처 받으면 예전에 비해 더 아프게 느껴지기도 한다.

타인과 소통하는 방법이 많아진 데 반해, 소통의 기본 능력을 습득하지 못하고 제대로 된 인간 관계를 맺지 못하는 사람들이 늘어나고 있다. 소통 방법은 늘어나는데도 배고픔은 커지고 목마름은 깊어가는 것이 21세기 현대사회의 아이러니한 자화상이다.

우리나라는 아시아에서 가장 서구화된 국가 중 하나이지만 여전히 전통적 사고방식이 굳건히 자리를 잡고 문화적 힘을 발휘하고 있다. 서구적 가치관과 한국적 심성은 조화를 이루기도 하고 어쩔 수 없이 갈등하고 충돌되기도 하지만, 사람들은 지금의 상황을 이해하지 못한 채 당황해하고 힘들어한다. 그래서 현대적 관점에서도 여전히 유효한 한국인의 심성을 깊이 이해할 필요가 있다.

이러한 복합적 상황 때문에 이 땅에서 살아가는 사람들은 소통에 대해 더 치열하게 고민하게 된다. 소통은 도대체 왜 하는 것인가? 바로 관계를 위해서다. 관계란 상대를 설득하거나 이용하기 위한 것이 아니라 '나'라는 사람이 조금 더 나아지기 위해 맺는 것이다. 이것이 대원칙이다. 그렇지만 많은 이들은 경쟁에서 이기거나 남을 설득해서 더 많은 것을 얻어내기 위해서, 상대를 자기가 원하는 방향으로 변화시키기 위해 소통한다. 사실은 그 반대가 되어야 한다. 한 마디 말, 한 번의 오가는 대화로 큰 깨달음을 얻기를 바라는 것은 성인(聖人)의 경구 한 구절에 인생을 꿰뚫는 통찰력을 얻으려는 셈이다.

내가 달라지기 위한, 또 오랫동안 이어지는 건강한 관계를 유지하기 위한 소통은 가운데로 우직하게 들어가는 직구와 같다. 강속구가 아니더라도, 묵직하고 솔직한 직구는 아무리 정확하게 맞춰도 멀리 날아가지 못한다. 그런 직구를 던질 줄 아는 투수 앞이라면 어떤 타자도 기꺼이 설 것이다. 그렇게 치고 받으며 점수를 주고받는 재미있는 야구 경기 같은 소통이 되어야 한다.

말을 잘하는 테크닉이나 설득의 기술이 필요한 것이 아니다. 내가 더 나은 인생을 살아간다고 믿는 자존감을 유지하려면 세상과 사람들과의 관계를 통해 힘을 얻어야 하고, 그러기 위해서는 소통을 다시 익히고 배워야 한다. 지금 살아가고 있는 이곳에서 필요한 것이 무엇이고, 관계의 기본이 무엇인지 다시 한 번 생각해 보자는 것이다.

내가 그동안 치료를 위해 만났던 수많은 이들은 따지고 보면 관계로 인해 힘들어하고, 또 소통이 안 되어 괴로움을 겪고 있었다고도 볼 수 있다. 그들과 그 가족들을 만나고 상담하면서 지금의 문제의식을 갖게 되었다. 그리고 이를 풀어나가기 위해서 필요한 방법론은 외국에서 들여온 이론이나 책이 아니라, 우리 문화에 기반하고 지금 우리의 삶을 잘 반영하고 있는 것이어야 한다.

어떻게 하면 지금 우리들의 심리를 잘 반영하고 소통의 문제를 풀어낼 수 있을지 고민한 결과물이 이 책이다. 먼저 관계에 대한 고민부터 시작하여 이를 판소리의 소리꾼과 고수의 관계로 풀어보았다. '일고수 이명창(一鼓手 二名唱)'이란 비유가 도대체 왜 나온 것인지, 왜 장단을 맞춰주는 고수가 뛰어난지, 그 반전의 의미를 아는 것에서 한국인의 소통은 시작한다. 누구를 설득해서 변화시키는 것이 아니라 상대를 먼저 생각하는 동반자적 관점을 갖기 위해 상대의 주파수를 찾아내려는 노력, 나의 만족보다 상대의 만족을 먼저 생각해야 하는 이유, 함께해서 더 재미있는 게임이어야 하는 핑퐁의 원리를 1장에 담았다.

이렇게 상대방의 존재를 인정하고 난 다음에 필요한 것이 감정의 교류다. 이를 공감이라고 한다. 서로 통하고 있다는 이심전심(以心傳心)의 방법론, 우리 사회의 고유한 감정인 정(情)이 관계에서 갖는 의미, 공감의 진정한 의미와 그 필요성을 이해하는 과정을 2장에서 다루었다.

3장에서는 소통이 제대로 이루어지지 않으면 마음의 문을 닫는 것을 넘어 세상을 등지는 일이 생기는 이유, 그리고 그것이 얼마나 위험한지에 대해 다뤘다. 또한 선입견과 편견의 위험성, 변화를 막는 고집불통의 문제를 설명하고, 체면으로 인한 소통의 어려움과 이심전심의 소망이 관계에 작용하는 방법을 이해할 수 있게끔 풀어놓았다.

4장부터 6장까지는 소통의 원칙적인 방법론을 다루었다. 관계 맺기에서 '밀당'이 무엇인지, 첫인상이 얼마나 중요한지, 그리고 나만이 가진 레퍼토리의 유용성과 콘텐츠만큼이나 적합하게 활용해야 할 말투와 제스처의 중요성, 기승전결에 맞춰 이야기해야 하는 이유, 소통에도 적용되는 팔레토의 법칙, 바람직한 대화의 구조를 짜는 방법, 진심이 담긴 질문 방법, 진심을 알리는 방법, 대화의 흐름을 타는 방법, 소통에서 감정을 다루는 방법 등을 이야기했다.

이 책 한 권으로 소통의 달인이 되기는 어렵겠지만, 지금 내가 살고 있는 이곳의 사람들이 오랫동안 공유해 온 문화를 이해하는 것이 무엇보다 중요하다는 사실을 이해하고, 소통에 대한 오해를 바로잡는다면 충분하리라 생각한다. 그다음부터는 실전 연습을 해보고, 조금씩 달라지기 위해 노력하면 된다. 그러려면 방향을 잘 잡아야 하는데, 이 책이 여러분들에게 등대가 되어줄 수 있다면 좋겠다. 가던 길을 벗어나 새로운 방향으로 향할 때는 누구나 불안해진다. 이 책이 "괜찮아, 지금 제대로 가고 있어"라며 불빛을 반짝반짝 비춰줄 수 있기를 바란다. 그 불빛을 보며 쫓아가다 보면 소통과 관계의 문제로 인한 불안과 긴장, 마음의 아픔이 줄어들고, 인생에 대한 자신감이 차오르게 되리라 믿는다.

변화는 극적으로 일어나지 않는다. 단번에 바뀌지는 않지만 결국, 마침내, 어느새 바뀌는 것, 그것이 진짜 오래가는 변화다. 어디에서부터 풀어야 할지 모르는 인생의 매듭을 푸는 유일한 길이기도 하다. 단번에 매듭을 잘라주는 칼은 없다. 설령 있다 해도 매듭이 잘리고 나면 인생도 토막 날 뿐이다. 그러니 결국, 마침내 풀어내겠다는 마음가짐으로 꼬인 매듭에 도전하자. 소통은 그때부터 이루어질 것이다.

하지현

## 당신은 장기전에 강합니까?

소통은 단기전이 아닌 장기전이다. 상대에게 원하는 것이 있다 하더라도 조급하게 요구하기보다 상대방에 맞춰주며 그가 줄 수 있는 것만큼을 받고 그것에 감사해야 한다. '주고받음'에서는 '주고'를 먼저 해야한다. 오늘은 아니다 싶은 날은 과감히 포기하고 더 이상의 요구는 하지 않는 견딤의 힘이 좋은 관계를 오래 지속시킬 수 있다. 중요한 것은 '원하는 것만 얻기 위해 당신을 만난다'는 느낌이 아닌 '당신과 오랫동안 좋은 관계를 만들고 싶다'라는 진심이 전해지는 것이다. 진심을 담아 상대에게 대가 없는 호의를 먼저 베풀고 배려가 담긴 마음의 여유가 실린 대답을 해보자. 그것이 현란한 화술이나 협상기법보다 훨씬 효과적일 때가 많다. 말을 잘하는 사람보다 진심이 전해지는 사람이 신뢰 받는다.

# 소리꾼과 고수

## 내가 달리는 차선은 항상 느리다

친구 하나가 연애 문제로 고민에 빠졌다. 친구의 고민을 듣다가 "아…… 나도 그런 일 있었어. 정말 힘들겠다. 3년 전에 내가 사귀던 그 여자 기억나?"라며 어느새 그 친구의 고민은 뒷전으로 미루고 회상에 빠져들고 만다. 게다가 내가 생각하는 사랑이란 무엇인가에 대해 일장연설까지 늘어놓는다. 나는 후련하고 명쾌하게 잘 정리해 주었다고 생각해서 뿌듯한 마음에 친구의 얼굴을 쳐다보지만, 친구는 내 기대와 달리 그리 밝아 보이지 않는다.

바이올린 소나타 연주에 비유해 보면 친구의 불만을 쉽게 이해할 수 있을 듯하다. 피아노와 바이올린의 합주이지만, 사실 피아노는 반주의 개념이고 주인공은 바이올린이다. 그런데 피아노 소리가 더 크고 더 많은 비중을 차지한다면 연주를 망치게 된다. 이와 마찬가지로 나는 친구와 합주를 해야 할 때 혼자서 독주를 한 셈이다.

아차 싶은 마음에 돌이켜보니 내가 반은 이야기한 것 같다. 그렇지만 실제로는 7 대 3 정도로 내가 더 많이 말했을 가능성이 높다. 토론토 대학의 도널드 레델마이어(Donald Redelmeier) 교수가 자신이 운전하는 차선과 옆 차선을 비디오로 찍어서 120명에게 보여주는 실험을 했다. 70퍼센트의 응답자가 옆 차선의 흐름이 더 빠르다고 느꼈고 그중 60퍼센트는 차선을 옆으로 바꾸고 싶다고 응답했지만, 사실 양쪽 차선은 비슷하게 움직이고 있었다. 사람의 눈은 앞을 향해 있기 때문에 자신을 추월한 차는 오랫동안 시야에 남고 내가 추월한 차는 기억에 남지 않아서 생기는 결과다.

몇 년 전 한 방송 프로그램에서 서울에서 부산까지 차를 몰고 가는데 한 사람은 차선을 끊임없이 바꿔가면서 달리고, 다른 한 사람은 차선을 바꾸지 않고 흐름에 따라 정속 주행한 후 두 차의 주행 시간을 비교했다. 예상과 다르게 지그재그로 곡예 운전을 하며 달린 쪽이 겨우 10~20분 빨리 도착했을 뿐이다. 그렇지만 운전자가 느낀 피로감은 훨씬 더 컸고, 그로 인해 전반적인 도로 흐름에도 좋지 않은 영향을 끼친 것으로 드러났다.

대화도 그렇다. 왠지 내가 말한 시간은 짧게 느껴지고 상대방이 말하는 시간은 상대적으로 길게 느껴진다. 특히 관심 없는 내용이라면 더욱 그 시간이 길게만 느껴진다. 그러므로 옆 차선이 더 빨라 보이듯,

자신이 말을 더 해야 균형이 잡힌다고 본능적으로 느끼는 것이다.

누구나 자기가 하는 일이나 성공한 일에만 관심을 갖는다. 그래서 내가 있는 차선이 뻥 뚫려서 잘 나갈 때에는 옆 차선을 인식하지 못한다. 반면 내 차선이 느려지고 나면 옆 차선이 잘 나가는 것처럼 여겨진다. 객관적으로 보면 같은 속도로 움직이는데도 내가 느릴 때만 옆의 차선과 비교하게 되므로 내가 더 느리고 옆이 더 빠르다고 느낀다.

사람 사는 것도 그렇다. 다른 사람과의 관계에서 그와 나를 비교하게 될 때는 흔히 내가 '잘나갈 때'가 아니라 '잘 못 나갈 때'다. 자신이 주춤하고 정체해 있을 때만 주변과 비교하며 내 단점과 문제점을 끄집어내고, 한편으로는 '잘나가는' 사람과 동등하게 되고 싶어 한다. 그래서 대화할 때에도 상대방이 말을 더 많이 한다 싶으면 상대적으로 내가 더 못난 듯한 느낌이 들고 뭔가 한마디 해야 할 것 같은 보상심리가 작동한다.


## 소리꾼보다 고수(鼓手)가 중요한 이유

그렇다면 말을 참기만 한다고 대화의 흐름이 좋아질까? 그렇지도 않다. 대화를 원활하게 하려면 상대방의 말을 기분 좋게 받아주는 윤활유도 필요하다. 탁구는 작은 테이블 위에서 고작 3그램의 탁구공을 '핑' 하고 치면 '퐁' 하고 받아치는 게임인데, 사람 사이의 소통은 탁구와 유사한 면이 있다. '나비같이 날아서 벌같이 쏘는' 촌철살인의 한

마디를 던져서 상대방을 설복시키는 것이 멋있고 말을 잘하는 재치 있는 사람처럼 보일 것이다. 탁구 게임에서도 오래 경기를 끌면서 수비만 하는 수비형은 시청자나 제3자의 눈으로 보면 지겨울 수 있다. 하지만 막상 공을 치는 사람들은 이런 공방을 무척 즐긴다. 금방 승부를 내는 전진 속공형보다 오래 주고받는 수비형 게임에서 탁구의 진수를 경험할 수 있다고 탁구 마니아들은 말한다. 전진 속공형으로 공격하길 즐기는 사람조차 수비형의 선수와 공을 주고받는 편이 훨씬 즐겁다고 한다. 상대방을 이기기 위해서가 아니라 상대방이 받아치기 좋게끔 공을 넘겨주면서 시합을 즐기는 사람이 내공이 있는 선수다.

소통도 마찬가지여서, 수비형 탁구처럼 오래 주고받을 수 있는 능력이 필요하다. 대화가 오가며 내용이 쌓여야 흐름이 이루어지고, 상대방과 내가 만들어내는 리듬으로 발전할 수 있기 때문이다. 리듬은 나 혼자 만드는 것이 아니라 함께 만드는 것이고, 흐름에 자신을 맡길 때 느껴진다.

명창 김동준은 인생의 후반부에 고수가 되었다. 소리꾼치고 그를 고수로 모시고 싶어 하지 않은 사람이 없었다고 한다. 왜 그랬을까? 자신이 노래를 불렀기 때문에 흐름을 제대로 짚어냈고, 그런 만큼 북장단을 잘 맞춰주니 소리꾼은 실력을 충분히 발휘할 수 있었기 때문이다.

그렇다면 나는 소통의 차원에서 소리꾼인지 고수인지 한 번쯤 점검해 볼 필요가 있다. 또 소리꾼이 되기 전에 귀 명창이자 좋은 고수가 되려는 마음가짐을 갖는 것이 중요하다. '일고수 이명창'이란 말이 괜히 있는 것이 아니다.

좋은 고수가 전체적인 흐름을 관장하면서 추임새를 넣고 장단을 맞추며 소리를 이끌어나가는 것은 파도타기와도 일맥상통한다. 서핑은 우선 파도를 고르는 것부터 시작한다. 어떤 높이의 파도를 탈지 골라내는 것이 서핑의 70퍼센트를 결정한다. 아무리 실력이 있다 하더라도 파도의 흐름을 보면서 크기와 방향을 예측해야 한다. 그러고 나서 파도에 몸을 싣고 서핑보드 위에서의 움직임과 파도의 타이밍을 맞추는 것이 중요하다. 상대방이 파도라면 나는 서퍼다. 서퍼는 파도의 흐름을 거스르지 않고 그 방향대로 움직이며 그 안에서 최대 속도를 즐길 수 있어야 한다.

소통에 있어서도 상대방이 만들어가는 대화의 흐름을 뚫고 지나가거나 거스르려 하지 않고 서핑을 하듯이 흐름을 따라가면서 균형을 잡고 이를 즐기는 것이 중요하다. 파도에 휩쓸려 바다에 빠지지 않도록 서핑보드 위에서 균형을 잡으며 파도를 타는 것이다. 서퍼가 자칫 욕심에 사로잡혀 묘기를 부리려 하면 균형을 잃고 실패하게 마련이다. 자제심을 발휘하여 균형을 잡고, 작은 파도의 일렁거림을 잡아내야 한다. 또한 좋은 파도가 올 때까지 기다릴 수 있어야 커다란 파도가 산처럼 덮칠 때 그 안에서 멋지게 빠져나오는 튜브라이딩(tube riding)을 해낼 수 있다. 원하는 흐름이 왔을 때 적절히 치고 들어갈 수 있도록 참고 기다리는 자세가 필요한 것이다.

## 2 대 8의 법칙

좋은 흐름을 잡아내기 위해서는 나무보다는 숲의 모습을 보려고 노력해야 한다. '2 대 8의 법칙'은 상위 20퍼센트가 전체의 80퍼센트를 만들어낸다는 파레토의 법칙을 가리킨다. 소통에서도 2 대 8의 법칙이 적용될 수 있다. 여기에서 2가 '나'이고, 8은 '상대방'이다. 즉, 내가 20퍼센트 말하고 상대방이 80퍼센트를 이야기하게끔 노력해야 한다. 그리고 내가 하는 말 중 80퍼센트는 그의 말을 받아주는 것이어야 한다.

"아, 그랬구나", "정말?", "아하!"와 같은 추임새, 상대방이 한 말에 대해 "조금 더 자세히 설명해 주시겠어요?"처럼 이야기를 더하도록 부추기는 말, "참 재미있는 이야기네요"와 같이 흥미를 보이면서 흐름을 원활하게 만들어주는 일에 80퍼센트의 자원을 사용해야 한다는 뜻이다. 상대방이 한 말을 그대로 반복하거나 간략히 요약해 주기만 해도 상대방은 내가 열심히 듣고 있다고 느낀다. 그리고 나머지 20퍼센트에만 내 생각을 담는다.

이때 상대방의 이야기를 듣고 느낀 점, 내가 생각하는 해결책이나 조언이 될 만한 말을 해주는 것도 좋다. 즉, 내가 판단하기에 상대방에게 도움을 줄 수 있는 것들, 함께 의논하면 좋은 것들, 설득할 내용이 그 20퍼센트에 속한다.

한 시간 동안 대화한다면 내게 주어진 시간은 12분이다. 그중에서도 20퍼센트이니까 고작 3분 남짓한 시간 동안만 내가 정말 하고 싶은 말을 하는 셈이다. 이런 상황을 염두에 두면 무슨 말을 해야 할지 심사숙고하게 되고, 최대한 정갈하고 인상적으로 메시지를 전달하며 정확한 타이밍을 찾기 위해 자연스레 노력하게 된다.

라디오나 TV 프로그램에 출연할 경우, 1시간짜리 라디오 방송에서 DJ와 대담하는 것은 그리 힘들게 느껴지지 않는다. 그런데 뉴스처럼 인터뷰 내용을 약 1분 만에 이야기해야 할 때는 능숙한 사람도 조금은 당황하게 된다. 뉴스 한 꼭지에 해당된 시간은 1분 30초 정도인데, 전문가의 멘트는 고작 10~15초 차지하기 때문에, 그 안에 핵심을 담아 전달해야 한다. 처음에는 그 짧은 시간에 무슨 말을 할 수 있을까 싶었는데, 막상 해보면 그 시간이 매우 길게 느껴진다. 그렇게 생각하면 3분은 무척이나 긴 시간이다.

또한 그 3분을 쪼개서 10~20초씩 핵심적인 이야기만 전달한다고 생각해 보자. 1시간 동안 내가 말할 기회는 9번 이상이다. 그것만 잘 활용해도 이야기를 내가 원하는 방향으로 이끌어갈 수 있다. 더욱이 상대방은 대화가 자신을 중심으로 이루어졌다고 느낀다. 상대는 80퍼센트의 시간 동안 충분히 이야기했고, 나머지 시간도 대부분 자신의 이야기를 확인하거나 생각을 풍부하게 만드는 데 사용했기 때문이다. 이처럼 흐름을 잘 타는 것은 백 마디의 말을 하거나 오랜 경험에서 나온 뼈 있는 한 마디 말보다도 만족감을 높여준다.

# 기대치의
# 수위

## 채워지지 않는 만족감

소통에 어려움을 겪는 사람들은 이상하게도 꽤 오랜 시간 같이 있었고 대화도 많이 나눈 것 같은데 돌아서면 공허하다고 말한다. 머릿속으로는 무슨 이야기를 했는지 기억하지만, 왠지 가슴에 남는 것이 없다는 말이다. 또 화술이나 커뮤니케이션에 관한 책을 읽고 실전에서 응용해 보니 용한 점쟁이 말이 들어맞듯 잘 먹혀서 신기하지만, 너무 잘 들어맞아서 왠지 사기 치는 기분이 들거나 상대방을 이용하는 것 같다며 미안해하는 사람도 있다. 어떤 사람은 자신이 말한 만큼 상대방이 반응해 주길 바라는데 너무 대답이 없어서 힘들어하기도 한다. 사회적인 관계에서 특별히 기대하는 바가 없을 경우에는 상처 받지 않지만, 기대하는 상대에게서 답이 없으면 상처 받는다. 그러다 보니 소통할 때 상대방에게 만족하는 법이 없다.

이렇듯 소통과 관계의 만족감은 단지 기술을 연마한다고 해서 얻을 수 있는 것이 아니다. 만족감은 기대감과 관련이 있는데, 기대감의 수위 조절은 만족감을 얻는 데 중요하다.

자신의 진심을 표현하고 상대방의 마음을 읽으려 노력해도 뿌연 안개 속을 헤매는 듯하다면, 쉽게 만족하기 어렵다. 상대방과 관계를 맺는 방법 면에서 정립되지 않은 부분이 남아 있기 때문이다.

상대방과 내가 통했다는 전율감이 느껴질 때, 가슴속 깊은 곳에 있는 감정의 진폭이 베이스가 울리듯 내 몸을 뒤흔들 때, 미처 의식하지 못했던 진리를 소통의 과정에서 새로이 깨닫게 될 때, 잠시나마 상대방과 하나가 된 듯 느껴지며, 한층 성숙하고 강해진 듯한 기분이 든다.

이렇게 진정으로 소통하고 나면 다시금 그 기분을 느끼고 싶어진다. 하지만 이런 만족감은 자주 오지 않는다. 소통의 방식을 다룬 무수히 많은 책이나 강의를 따라 열심히 연습해 보면, 기술은 좋아진 것 같지만 그에 비례해 만족감이 높아지지는 않는다. 처음에는 무척 발전한 것 같은 생각이 들어도, 어느 순간 그런 느낌은 벽에 부딪히고 만다. 그런 면에서 소통은 양도, 질도, 기술도 아니며, 절대적인 가치라기보다 상대적인 만족의 문제다.

## 상처 받기의 악순환

　　1940년대 영국의 정신분석학자 로널드 페어베언(Ronald Fairbairn)은 자아가 "대상을 찾으려는 목적(object-seeking principle)"을 갖고 있다고 주장했다. 태어나면서부터 누군가와 소통하기 위해 자아가 존재한다는 것이다. 이는 인간의 본능이 쾌락 원칙을 따른다는 프로이트의 자아중심적 정신분석이론과 매우 큰 차이를 보이는 것으로, 이 주장은 대상관계이론(object relation theory)으로 발전하며 정신분석학에서 매우 중요한 자리를 차지하게 되었다. 페어베언의 관점에서 볼 때 인간의 소통은 태어날 때부터 시작되며 나와 맞는 사람, 나를 키워줄 사람을 찾기 위한 본능적인 몸부림이라고도 할 수 있다.

　　이런 식으로 생각하면 쉘 실버스타인(Shel Silverstein)의 우화 『어디로 갔을까, 나의 한쪽은(The Missing Piece)』에서 이가 빠진 동그라미가 빠진 조각을 채우기 위해 먼 길을 떠나는 절박감을 이해할 수 있다. 동그라미가 잃어버린 조각을 찾아 나서게 한 것은 바로 대상에 대한 갈구였고, 그 길에서 마주친 조각들과 빠진 부분을 맞춰보는 과정은 소통의 노력이었다. 그런데 빠진 조각을 찾기란 쉽지 않은 일이었다. 완전한 공 모양이 되고 싶어 한 동그라미는 꼭 맞는 짝만을 찾았기 때문이다. 완벽에 대한 기대감으로 손쉬운 만족감을 거부한 것이다.

　　다시 한 번 소통의 근원으로 돌아가보자. 인간에게 완벽한 소통의 환상은 엄마의 배 속에서 탯줄을 통해 이루어졌던 완전한 일체감의 기억에 그 뿌리를 두고 있다. 따뜻하고 안전한, 완벽한 소통의 기억은 탯줄이 끊어지고 엄마의 자궁에서 쫓겨난 그 순간부터 최초의 근원으로 회귀하려는 마음을 작동시키는 원자로가 되었다.

문제는 수많은 사람들이 그 태초의 기억을 의식으로 떠올리지 못한 채 수구초심의 욕망을 지니고 있다는 사실이다. 그래서 모체와의 기억을 완성으로 보는 '환상 속의 욕심'은 나(ego)의 현실적인 욕심이 된다. 이 빠진 동그라미가 딱 맞는 조각을 찾아 완벽한 공 모양이 되기를 원하듯이, 실현되기 어려운 목적을 달성하려는 욕망은 자신의 완벽함을 추구하는 것으로 바뀐다. 자신의 부족함을 메워줄 대상을 찾는 일이 결국 자신을 사랑하는 원초적 자기애의 표현이 되는 것이다.

이렇듯 소통의 이상적 모델은 오직 비현실적인 환상 속에만 존재하는데도, 어린 시절 세상이 자신을 중심으로 돌아간다고 믿던 전능감 속에 빠진 채 지금도 그것이 가능하다고 믿고 싶은 것이다. 이런 모순 때문에 우리는 끊임없이 소통을 원하지만 만족하지 못하고, 상처 받고 힘들어하는 악순환에 빠진다.

높은 수준의 기대감은 쉽게 실망감으로 귀결된다. 그리고 실망의 상처가 주는 통증을 피하고자 미리 기대감의 문을 닫아버린다. 기대감을 낮추거나 다른 방법을 찾는 등 원인을 찾아 해결하기보다는 소통으로 향하는 문을 아예 차단하는 것이다. 그 후의 소통은 의례적인 인사말의 상찬이 된다. 진심과 감정의 소통 없이 건조한 공문서만 오고가는 셈이다. 결혼식 뷔페처럼 차린 것은 많지만 젓가락을 댈 만한 음식도 없고, 전국 어디를 가나 엇비슷한 차림새라서 뭘 먹었는지 기억도 나지 않는다.

자신만의 성 안에 숨어 문을 닫아걸어도 공생을 바라는 원초적인 원자로는 작동을 멈추지 않는다. 아무리 먹어도 배가 고프니 말이다. 위장은 부풀어 오르지만 가슴과 머리는 여전히 배가 고프다고 아우성을 친다. 소통에 대한 기대감은 성 안에서 비현실적으로 커지고, 성 밖과의 교류는 건조해지고 메말라갈 뿐이다. 안팎의 차이가 커질수록 만족감은 오그라든다. 그래서 이런 괴로움의 딜레마에 시달리느니, 차라리 '혼자 놀기'를 선택하는 쪽으로 방향을 바꿔버리는 사람도 생긴다.

세상살이에 지치고 만족스러운 소통에 실패한 많은 사람들이 혼자 놀기에 공감한다. 그렇지만 혼자 놀기는 소통에 대한 욕구의 또 다른 표현일 뿐이다. 아이들은 친구들과 싸우다가 토라지면 "너희랑 안 놀아!" 하고는 친구들이 노는 곳 근처에서 혼자서 재미있는 놀이를 시작한다. 그리고 친구들이 자신의 놀이에 흥미를 갖고 "와, 재미있어 보인다. 같이 놀아도 돼?"라고 말하며 다가오기를 내심 바란다. 잘못을 반성하기보다 자신의 방식으로 친구들을 끌어들이려 하는 것이다. 혼자 논다고 주장하지만, 사실은 외로워서 누군가가 관심을 가져주길 열렬히 바라는 셈이다. 친구들과의 다툼은 아이에게 자신의 부족함을 깨닫고 고칠 수 있게끔 하며 아이의 성장을 돕는다. 하지만 혼자 놀기는 "그냥 이렇게 살다 죽을래" 하는 것과 마찬가지로, 혼자만의 누에고치에 안주하려는 행동일 뿐이다.

## 기대감과 만족감의 함수관계

인식하고 싶지 않거나 인식하지 못하는 소통에 대한 기대감을 만족시키려면 어떻게 해야 할까? 우선 상대방에 대한 기대치를 조금 낮추는 것이 현실적인 전략이다.

올림픽에서 금메달을 기대하던 선수가 아쉽게 은메달에 그치는 경우가 있다. 사실 세계적인 선수들과 겨뤄 2위를 했다는 것만으로도 대단한 일이고 평생의 업적이라 할 만하다. 그런데도 어떤 선수의 표정은 그리 기뻐 보이지 않는다. 시상식에서 금, 은, 동 메달 수상자의 얼굴을 살펴보면 때로 은메달을 딴 선수가 동메달을 딴 선수보다도 표정이 어두워 보이기도 한다.

우리나라 사람들이 금메달이나 1위에만 열광하기 때문일까? 2등은 아무도 기억해 주지 않는다는 세상의 이치 때문일까? 그보다는 기대감에 미치지 못한 것이 가장 큰 이유다. 자신도 1등이 될 수 있다는 기대치가 있었지만, 그것을 이루지 못했기 때문이다.

미국의 사회심리학자 빅토리아 메드벡(Victoria Medvec), 스콧 매디(Scott Madey), 토머스 길로비치(Thomas Gilovich)는 1992년 바르셀로나 올림픽과 1994년 엠파이어스테이트 게임의 메달리스트들의 시상식을 비디오로 찍어 분석한 결과를 《성격과 사회심리학회지(*Journal of Personality and Social Psychology*)》에 발표했다. 사람은 누구나 '만일 내가 지금과 다른 것을 가졌다면, 혹은 다른 결과를 거뒀다면 어떠했을까?' 하고 상상한다. 이를 사실에 반대되는 대안(counterfactual alternative)이라 한다. 이때 은메달리스트는 금메달리스트를 보면서 '내가 저기 서 있을 수 있었는데'라며 아쉬워하는 반면, 동메달리스트는 '자칫하면 시상대에 오르지도 못할 뻔했다'는 안도감을 대안적 사실로부터 유추한다. 그래서 동메달리스트가 은메달리스트보다 경기 직후나 시상대에 서 있을 때 더 행복하다고 느낀다. 기대치가 낮았던 사람은 객관적으로 낮은 점수를 받더라도 그보다 높은 점수를 받은 사람보다 만족도가 높다. 다시 말해, '그래야 하는데'라는 기대감이 감정적 반응에 영향을 미치고 만족도를 결정하는 것이다.

40점 받을 줄 알았다가 50점을 받았다면 90점을 기대하다가 80점을 받은 사람보다 오히려 만족도가 높을 수 있다. 이와 마찬가지로 나에 대한 기대가 클 것이라 예상되는 사람과 만난다면 처음에 기대치를 조금 낮춰주는 것이 좋다. 동시에 내가 크게 기대하고 있는 사람과 만날 때에도 스스로 기대치를 낮추는 편이 좋다. 별것 아닌 일 같지만 그 과정에서 상대적으로 만족도가 높아질 수 있다. 많은 사람들이 추천한 여행지에 가보고 오히려 기대에 못 미쳐 무척 실망하거나, 상대적으로 좋지 않은 평을 듣고 방문한 여행지가 생각보다 좋아서 크게 만족하는 것도 기대치와 만족감의 관계 때문이다. 어쩌면 두 곳은 비슷한 수준의 여행지일 수 있지만, 얼마만큼 기대하느냐에 따라 만족감은 아주 달라진다.

소통과 관계에서도 만족감은 기대치에 대한 수위를 어떻게 조절하느냐에 따라 올라갈 수도 있고, 내려갈 수도 있다. 그러므로 어딘지 모르게 만족스럽지 않을 때, 내가 상대방이나 상황에 바라는 기대치를 점검해 볼 필요가 있다. 은메달리스트의 마음으로 '내가 금메달 시상대에 서 있어야 하는데'라고 생각하면서, 객관적으로 볼 때에는 충분히 잘 해낸 일인데도 만족하지 못하고 정서적으로 결핍감과 불만을 느끼는 것은 아닌지 말이다.

# 사람들 사이에는
# 주파수가 존재한다

### 찌릿찌릿, 전기가 통하는 순간

친구와 냉면을 먹다가 편육이나 배가 없는 건 참아줄 수 있지만 달걀이 없으면 냉면이 아니라고 이야기한 적이 있다. 친구는 맞장구를 치며 노른자를 국물에 살살 풀어 먹는 게 얼마나 맛있는지 모른다고 호들갑을 떨었다. 나는 "전에 갈비집에서 냉면을 시켰는데, 달걀 대신 메추리알이 나와서 울고 싶더라"라며 넋두리를 했고, 친구는 "정말 천인공노할 만행이군!"이라며 같이 울분을 토했다.

이렇듯 냉면에 달걀을 곁들이는 것이나 라면을 끓이는 방법과 같이 소소한 취향의 문제라도 두 사람이 얘기를 하다가 어느 순간 공통의 화제에서 공감대를 형성할 때가 있다. 서먹하던 두 사람 사이에 공감의 울림이 일어나면 갑자기 두 사람 사이에 '찌릿' 하는 전기가 통하는 듯한 기분이 든다. 그래서 다른 사람과 함께 있어도 그들과는 구별되는 둘만의 관계가 만들어진다.

이때가 같은 주파수를 사용하고 있음을 확인하는 순간이다. 이를 공명한다고도 말한다. 공명이라는 단어를 사전에서 찾아보면 "진동계가 그 고유진동수와 같은 진동수를 가진 외력(外力)을 주기적으로 받아 진폭이 뚜렷하게 증가하는 현상"을 뜻한다. 서로 같은 진동수를 가지면 진동의 폭은 놀랍도록 커진다. 그리고 두 진동체가 연결되어 공명이 일어나면 에너지의 교환이 훨씬 효율적으로 이루어진다. 신경 세포인 뉴런 사이의 정보 전달도 공명의 원리에 의한 것이다. A라는 뉴런과 B, C라는 뉴런이 한 신경망 안에 연결되어 있을 때, A의 주파수가 B와 같으면 B 쪽으로, C와 같으면 C 쪽으로 신경계의 신호가 전달되어 명령을 수행한다.

이처럼 신체는 기본적으로 공명의 원리에 의해 움직인다고 해도 과언이 아니다. 사람과 사람 사이의 감정 교환에서도 마찬가지다. 대화를 나누다가 어느 순간 '닭살이 돋는' 경험을 할 때가 있는데, 두 사람 사이에 일어난 공명에 몸이 먼저 반응하는 것이다. 감정과 사고의 주파수가 일치하는 경험에 대해 이렇게 의식보다 몸과 마음이 먼저 반응한다. 그만큼 그 경험은 특별하고 강한 결속력을 불러일으킨다. 공명이 일어나기 전과는 비교할 수 없을 만큼 강렬하게 에너지 교환이 이루어졌기 때문이다. 오래 지속되는 것은 아니지만, 일심동체가 된 듯 짜릿하고 강렬한 느낌이다.

이런 결속의 순간, 두 사람 혹은 한 집단은 한 덩어리가 되는 응집력을 경험한다. 현실을 공유하고 하나가 된 느낌, 그리고 상대방이 내 마음을 알아줄 것 같고 나와 상대방이 같은 자기장 안에 함께 있는 듯한 기분을 느낀다. 어떨 때에는 내 정체성의 경계를 뛰어넘어 많은 것을 공유하고, 두 사람이 함께 있으면 그저 둘이 되는 것이 아니라 그 이상이 되는 것과 같은 전체성의 쾌감마저 느낀다. 이런 적극적인 공감의 상태에서 두 사람 혹은 집단 내의 의사소통은 매우 활발해지고 서로 긍정적인 피드백을 주고받게 된다.

한 번 공명의 순간을 경험하고 나면 그때의 짜릿함을 갈구하게 된다. 하지만 그런 일이 자주 벌어지지 않는 것이 현실이다. 처음에는 짜릿하게 느끼지만 곧 실망하게 될 수도 있고 그 강렬함만을 추구할 수도 있다는 점에서, 이런 짜릿함이 좋은 소통의 보증수표는 아니라는 것도 딜레마다.


## 동조는 본능적인 반응이다


공명이 제대로 이루어지지 않을 때에는 소외감을 경험할 수 있다. 낯선 사람들을 만났을 때 왠지 모르게 서먹하고 서걱거리는 기분을 느끼는 것은 주파수를 아직 맞추지 못했기 때문이다. 낯선 자리에서 아는 사람이 한 명이라도 있으면 마음이 훨씬 편한 것도 이미 주파수를 맞춰본 적이 있어서 그렇다.

텔레비전에서 〈개그콘서트〉를 처음 본 사람들은 별로 웃기지도 않은데 왜 관객들이 웃는지 이해하기 어렵다. 그렇지만 몇 번이고 계속 보다 보면 어느새 코너마다 웃어야 할 시점에 자신도 모르게 웃게 된다. 이것도 공명의 원리다.

아이돌 그룹이나 인기 가수가 노래를 부를 때 팬클럽이 "○○○ 짱!"과 같은 연호를 후렴구에 맞춰 일제히 외쳐대는 것도 가수를 응원하는 관객들이 같은 공명을 경험하려는 노력이다. 이렇게 사람들은 서로 주파수를 맞추기 위해 무의식적으로든 의식적으로든 무척 애를 쓴다.

주파수를 맞춰서 공명이 일어나도록 노력하고 이를 통해 일체감을 경험하는 것을 동조(同調, synchronicity)라고 한다. 서로 영향을 주고받는 과정을 통해 같아지는 현상을 뜻한다. 미국 코넬대 응용수학과 교수로 카오스와 복잡계 이론가인 스티븐 스트로가츠(Steven Strogatz)는 질서 정연한 모든 우주의 네트워크를 지배하는 메커니즘을 찾기 위해 여행에 나섰다가, 말레이시아 망그로브 숲의 반딧불들은 아무리 멀리 떨어져 있어도 어느 순간 수천 마리가 동시에 깜박거린다는 사실을 발견해 냈다. 이후 그는 기숙사에서 같이 지내는 여학생들의 월경주기를 관찰했는데, 평균 8.5일 정도 떨어져 있다가 5개월 후에는 5일로 격차가 줄어든다는 사실을 알아냈다. 스트로가츠는 이와 같은 관찰을 토대로 무질서에서 질서로 나아가는 과정을 '동조'라는 개념으로 설명했다.

이외에도 인간 심장의 수많은 박동 세포들이 지휘자도 없는데 조금도 어긋나지 않고 수십 년 동안 동시 방전을 반복하는 것, 운동장이나 공연장에서 무질서하게 울리던 박수 소리가 어느 순간부터 리듬을 타고 규칙적으로 울리는 것 등을 동조의 예로 들 수 있다.

이와 같이 사람을 포함한 많은 생명체는 함께 있으면 최대한 동조하려고 노력한다. 이러한 노력은 생존에 도움이 되기 때문에 생명체의 뇌 속에 생태적으로 프로그래밍되어 있다. 즉 인간은 태어나면서부터 동조하려는 노력을 시작한다. 태어난 지 20분밖에 되지 않은 신생아도 어머니의 행동이나 몸짓에 동조하는 모습을 보인다고 한다.

사람의 동조와 공명 현상에 대해 오랫동안 연구한 언어학자 윌리엄 콘돈(William Condon)은 자기 동조와 상호 동조로 나누어 설명한다. 그는 사람들이 말하는 모습을 촬영해 24분의 1초 단위로 분석하여 말과 행동의 일치, 사람들 사이의 동조 현상에 대해 연구했다. 자기 동조는 자신이 말하는 동안 몸이 말의 내용에 따라 자연스럽게 동조해서 움직이는 현상을 말하고, 상호 동조는 말을 듣는 사람의 몸이 말하는 사람의 목소리와 행동에 반응하여 그 리듬에 맞추어가는 것을 뜻한다. 이는 눈으로는 파악하기 어려울 정도로 빠른 몇백 분의 1초의 순간에 이루어진다. 말한 이의 목소리가 전해주는 리듬과 떨림에 따라 듣는 이의 몸도 반응하는데, 자극과 반응의 시간 차이가 보통 24분의 1초 정도였다. 그러므로 이는 의식적이 아니라 매우 감각적이고 본능적인 반응이다.

따라서 이러한 반응은 이성을 관장하는 대뇌피질보다는 뇌간과 같은 원초적 뇌 구조물과 연관되어 있을 것으로 추정된다. 호흡, 체온, 땀샘이 주변의 온도나 밝기와 같은 환경에 맞춰 자동적으로 변화하듯이 동조도 뇌간의 영향에 의해 자연스럽게 일어나는 현상인 것이다. 반대로 말하면, 억제하려 해도 억제하기 어려운 본능적이고 무의식적 행위다. 상호 동조 현상은 의도적이지 않은 본능적인 반응이지만, 인간이 사회적 동물로 관계를 맺는 데 중요한 역할을 한다. 나도 모르게 남을 흉내 내고 따라 하는 것은 사회적 관계를 형성하고 공명할 때 사람 사이의 간격을 좁히고 관계를 촘촘하고 탄탄하게 만드는 '사회적 아교(social glue)'의 기능을 한다.

듀크 대학 심리학자 타냐 차트랜드(Tanya L. Chartrand)는 상대방의 버릇, 몸짓, 자세를 따라 하려는 무의식적 경향을 '카멜레온 효과(chameleon effect)'라고 부른다. 일부러 따라 하거나 한쪽이 일방적으로 행동하는 것이 아니라 쌍방향으로 일어나며, 이를 통해 애착과 친밀감을 느끼게 된다. 따라 하기는 인간의 생존에 큰 역할을 하며 진화에 있어 매우 중요하므로 인간은 아주 어릴 때부터 동조를 익히게 된다. 엄마가 아이에게 목소리를 들려주고 아이가 그에 호응하면, 엄마는 아이를 어르거나 뽀뽀해 준다. 그러면 아이는 엄마의 긍정적 반응에 즐거워하며 더욱 열심히 엄마를 따라 하게 된다. 이렇듯 흉내 내기의 긍정적 피드백은 인간 발달의 기본적인 요소다. 의식적인 흉내 내기는 점차 자동화되기 때문에 의식하지 않더라도 남을 흉내 내게 되고 상대방과 같은 리듬 안에 있으려 노력한다. 그런 점에서 타인의 행동과 말을 따라 하고 주파수를 맞춰나가려는 동조의 노력은 모든 대화의 바탕이 된다.

## 유연하게 조절하는 반응 구간

그런데 동조하려 노력해도 왠지 주파수를 맞추기 어려운 사람들이 있다. 내가 자극을 주고 난 후 한참 시간이 흘렀는데도 아무 반응도 하지 않거나, 상대방의 반응이 도저히 감지되지 않는 경우다. 반대로 생각했던 것보다도 너무 빨리 반응이 와서 당황스러운 경우도 있다. 왜 그런 것일까? 사람들의 마음속에는 자극을 던진 후에 상대방의 반응을 예측하는 시계가 내장되어 있기 때문이다. 그런데 그 시계보다 빨리, 혹은 너무 늦게 반응이 일어나면 마음이 불편해지거나 당혹스럽다. 이러한 반응 예측 시간을 '반응 구간(response window)'이라고 한다.

친구에게 전화로 저녁에 시간 있으면 오랜만에 맥주나 한잔하자고 청할 때, 친구가 예측한 시간보다 빨리 "시간 없어"라고 반응하면 그가 나를 거절하는 것처럼 느껴진다. 반면, 항상 그랬듯이 "좋지, 어디에서 볼까?"라고 자연스럽게 대답하면 그 반응은 내가 예측한 반응 구간 안에 있는 것이다. 그러면 약속 시간과 장소를 정하는 등 다음 대화를 편하게 이어나갈 수 있다. 그런데 왠지 뜸을 들이며 암묵적으로 형성된 반응 구간에 들어갈락 말락 하게 "음…… 그래?" 하는 식의 반응을 보인다면? 그때는 긍정적인 반응이라도 친구가 떨떠름하거나 별로 내키지 않는 모양이라고 해석하게 된다. 반응 구간이 지나고도 반응을 보이지 않으면 내 말을 못 알아들었을 가능성이 있다.

반응 구간을 정하는 방식은 사람마다 다르지만, 반응 구간은 사람과 사람 사이의 대화에서 기본적인 리듬을 형성한다. 이 사람과의 대화는 안단테로, 저 사람과의 대화는 빠른 디스코 리듬으로, 하는 식으로 사람에 따라 기본적인 반응 구간이 따로 설정되는 셈이다.

반응 구간에는 정상치의 범위라는 것도 존재한다. 그래서 사람들은 일반적인 경험상 기대할 수 있는 반응 구간의 범위를 넘어서는 경우에 무척 당황하게 된다. '사오정'이라고 불리는 사람들을 만날 때 당황하게 되는 이유도 그 사람들이 우리가 설정한 반응 구간을 벗어나기 때문이다. 그들의 반응은 고장 난 형광등처럼 늦거나 엇박자로 틀리기만 한다. 그러니 일상적인 리듬에 익숙한 사람들은 그 리듬에 동조하기 어렵다.

동조의 과정은 반응 구간이라는 안테나가 닿는 범위 내에서 상대방의 신호를 포착하고 서서히 서로 주파수를 맞춰 튜닝해 나가는 것이라고 할 수 있다. 상대방의 반응이 너무 늦다면 답답한 마음이 들고, 반대로 너무 빠르면 초조하고 불안해지게 마련이다. 따라서 소통의 속도를 조절할 수 있도록 상대방에게 적절히 피드백을 해줘야 한다. 능숙한 사람들은 빠른 반응을 보이는 사람들에게는 자연스레 천천히 반응하도록 유도하고, 늦은 반응을 보이는 사람들에게는 좀 더 빨리 반응할 수 있도록 자극을 주거나 분위기를 조성한다.

하지만 대부분의 평범한 사람들은 상대방이 늦게 반응하는 경우 기다리지 못하고 다음 화제로 넘어가거나 다른 사람과 대화를 시작하곤 한다. 이 경우 늦게 반응한 사람은 타이밍을 놓쳐 무안해하거나 대화를 나누면서 긍정적인 피드백을 받지 못해서 결국 다른 사람과의 관계를 더 이상 발전시키지 못한다. 처음 만난 사람들과 친해지는 과정에도 이러한 반응 구간의 튜닝이 필요하다. 대략 어느 정도의 속도로 반응을 보이는지 내 마음속의 시계에 입력하고 맞추어가는 것이다. 상대와 대화를 나누고 상호작용하면서 반응 구간을 조정하면 어색함이나 긴장감은 쉽게 줄어든다.

# 타인의 만족도

달면 삼키고 쓰면 뱉는다

소통의 만족도는 어디에서 오는 것일까? 내가 하고 싶은 말, 참았던 말을 후련하게 다 쏟아놓고 나면 최고의 만족감을 느낄까? 아주 잠깐은 그런 느낌을 받을 수 있을지 모르지만 '쏟아진 물은 주워 담을 수 없다'는 속담처럼 한 번 꺼내놓은 속마음은 다시는 없었던 일로 할 수 없다.

가슴속에 담아둔 응어리를 뱉어내면 10년 묵은 체증이 다 내려간 듯 속이 시원해지는 것처럼 느껴진다. 정신분석학에서는 환기(ventilation)가 되었다고 한다. 눅눅하고 먼지가 쌓인 방의 창문을 활짝 열어서 환기를 시킨 셈이다. 하지만 이는 자기중심적 1인칭 관점에서 볼 때의 만족도이고, 일시적일 수밖에 없다. 그 말을 들은 상대가 어떻게 받아들이느냐에 따라 결과는 180도 달라질 수 있다.

시아버지의 생신날에 온 식구들이 모여서 식사를 하고 있다. 오랫동안 시어머니의 잔소리와 핀잔에 시달려온 며느리가 아이를 챙겨서 데리고 오느라고 조금 늦게 도착했다. 싸늘하게 눈을 흘기던 시어머니는 아이가 자리에 가만있지 못하고 칭얼거리자, "저 애는 누굴 닮아서 저리 산만하니? 애기 아빠는 어릴 때부터 얼마나 의젓했는데"라며 혼잣말인 양 하면서도 주위에 다 들리게끔 말했다. 참고 있던 며느리가 결국에는 "어머니, 어떻게 그렇게 말씀하실 수 있어요?"라며 화를 내기 시작했다. 모두 놀라서 며느리를 쳐다봤고, 며느리는 에라 모르겠다 하는 심정으로 그동안 쌓아둔 속상했던 일을 후련하게 털어놓았다. 이제 식구들이 그동안 억울했던 자신의 심정을 다 알아줄 것이라 생각하며, 시어머니의 태도도 바뀌고 남편도 자기편이 되어주길 바랐다. 몇 년 동안 쌓여 있던 것을 한번에 쏟아 붓고 나니 몸과 마음이 가벼워지고 속이 시원해졌다.

그렇다면 이제 시댁 식구들과 남편은 태도가 바뀌어 며느리 편이 되어줄까? 그런 일은 드라마나 영화에서나 볼 수 있는 일이다. 현실에서는 "뭐 잘한 게 있다고 눈을 부라리면서 어른한테 대들어?"라든지, "언젠가 사고 칠 줄 알았다니까"라는 부정적인 반응만 돌아오기 십상이다. 감당하기 어려울 만큼 후폭풍이 몰아칠 가능성이 더 크다는 말이다.

만족도라는 것은 이렇듯 나 혼자 후련해진다고 느낄 수 있는 것이 아니다. 차라리 산에 올라가서 혼자 소리를 지르고 오는 편이 나을지도 모른다. 누군가와의 소통을 위해서는 상대의 존재를 인정하고 상대의 입장을 먼저 생각해야 한다. 상대의 만족이 곧 나의 만족이 되는 것이다.

여럿이 노래방에 갔을 때에도 자신이 부르고 싶은 지루하고 재미없는 노래나 아직은 잘 못 부르는 최신곡만 부르는 사람이 있다. 스스로 내키지 않더라도 분위기를 띄우기 위해 익숙한 곡을 신나게 부르는 것이 함께하는 사람들과의 즐거움을 위해 필요할 때도 있는데 말이다. 그때부터는 쭈뼛대던 사람들도 적극적으로 노래를 부르고, 노래방에서의 시간이 더 재미있어질 수 있다. 부르고 싶은 노래만 부르면 그렇게 되기 어려울 것이다.

자기중심적인 사고를 버리지 않는 한 타인에 대한 기대치를 낮추기 쉽지 않고 소통의 만족감도 느끼기 어렵다. 대상을 바라볼 때 독립된 존재가 아니라 '자기 대상(self-object)', 즉 자신에게 필요한 대상이자 자아의 분신으로만 인식하기 때문이다.

자기심리학(self psychology)의 주창자 하인츠 코후트(Heinz Kohut)가 말하는 자기 대상이란 자기애가 너무 강한 사람이 자기 밖의 타인을 자신, 즉 자아의 연장(延長)으로만 인식한다는 개념이다. 그래서 '입 안의 혀처럼 구는 사람'을 원하듯이, 내 안에서 충족되지 못한 욕구가 타인을 통해 해결되기를 집요하게 바란다. 타인은 나의 또 다른 분신인 '자기 대상'이기 때문이다. 이렇게 자기 대상을 갖는 것은 인간 발달에 필수적인 조건으로, 정도의 차이는 있지만 누구나 겪는 과정이다. 또 자아를 중심으로 사고하는 프로이트의 정신분석과 달리 코후트의 자기심리학은 처음부터 상대의 존재를 인정한다. 그리고 상대와의 상호작용이 자아/자기에 많은 영향을 미친다고 생각한다. 그 결과 처음에는 정신분석 영역에서 이단아 취급을 받았지만 이제는 임상적으로, 또 인간의 심리를 이해하는 데 매우 유용한 개념으로 인정받고 있다.

아이가 태어나면 부모가 자신의 밖에서 자신을 만족시켜 준다. 그러나 점차 친척이나 이웃처럼 부모의 대리자가 자기 대상이 되었다가, 어른이 되면 배우자나 친구가 자기 대상이 된다. 건강한 사람은 자기 대상의 범위를 확대하면서, 신뢰할 수 있고 지속적이며 연속성이 있는 자기상을 형성해 나간다. 그래서 외부의 대상을 통해서만 충족되던 많은 부분이 내 안에서 자체적으로 해결된다.

그러나 지나치게 자기 대상에 집착하거나 이를 추구하면 반드시 문제가 생긴다. 자기 대상에의 집착은 외부의 대상을 자아의 연장선에서만 바라보게 하여, 자기만족을 위해서만 인식한다. 이 빠진 동그라미가 마주치는 모든 사물을 오직 자신의 빈 부분에 맞는지 안 맞는지로만 파악하는 것과 같다. 상대방이 원하는 것이 무엇인지도 생각하지 않고, 그가 만난 다른 존재들이 그 나름의 존재감이 있는 사물임을 받아들이지 못한 것이다. 자기 대상에 집착하면 상대방을 독립적인 존재가 아니라 자신의 결핍을 보충해 줄 대상으로만 인식하게 된다.

따라서 이런 성향이 강한 사람들은 자신이 필요로 하는 목록과 이미 확립된 틀에 따라서만 외부와 소통한다. 내 필요에 따라 상대방을 취사선택하고 내가 원하는 대로 대화를 이끌어가면 편할 것 같지만, 실은 그럴수록 만족감을 얻기가 더욱 힘들어진다.

## 완벽함에 대한 목마름

인간은 관계를 통해 다른 이들로부터 예기치 못한 것을 얻는다. 그러나 나에게 모자란 것을 일방적으로 얻으려고만 하면 결국은 아무것도 얻지 못한다. '나'라는 존재는 내가 그림으로 그리고 있는, 혹은 그리려고 구상하는 모습이 아닐지도 모르기 때문이다. 다른 사람과의 관계 속에서 새로운 경험을 해야만, 내가 생각하는 나에서 벗어나 나 자신을 확장시키는 뜻밖의 기회를 만날 수 있다. 상대방이 내게 반사해 주는 거울 속의 모습을 보면서 자기감(sense of self)을 확립하고, 그 모습을 보며 내가 그래도 괜찮은 사람이라고 확인하며 살아갈 수 있는 자신감을 갖게 되는 것이다.

그런데 자신이 그린 비현실적인 그림만 추구하면 '괜찮은 놈'이란 만족감도, 소통의 만족감도 느끼기 어렵다. 이가 빠진 동그라미는 사실은 별이 되어야 하지 않았을까? 아니면 톱니바퀴 모양은? 왜 원이 되어야 한다고 생각한 것일까?

항상 완벽한 것을 추구하면서 저 너머 무언가를 찾아 움직일 것인가, 아니면 조금은 부족하지만 만족하고 그 안에서 기쁨을 찾을 것인가? 무엇이 옳고 그르다고 말할 수는 없다. 그러나 원초적인 환상의 존재를 알게 되면 '완벽의 추구'라는 것이 얼마나 비현실적인지 곧 깨닫게 된다. 그것을 깨닫기 전까지 완벽에 대한 목마름은 불만을 낳을 수밖에 없다. 내가 부족하니 남의 부족함이 더 커 보이고 잘 보인다.

그리스 신화에서 불평과 비난의 신인 모모스가 대장장이의 신 헤파이스토스에게 불평하며 인간의 속마음을 잘 헤집어보게끔 가슴에 창을 달아달라고 했다는 이야기가 있다. 이는 남을 더 통렬하게 비난하기 위해 남의 속마음을 읽고 싶어 하는 인간의 욕구를 보여준다. 내가 만족하지 못하면 타인의 나쁜 점이 먼저 보이고, 결국은 이를 입으로 내뱉거나 불가피한 상황에서도 참지 못하고 불만을 터뜨리는 버릇이 생긴다. 그렇지 않으면 소통하고 싶은 마음도 생기지 않을 만큼 기대 수준을 낮춰서 침묵하거나, 아무것도 느끼지 않으려 노력하게 된다. "이건 아무 일도 아니야. 나와는 상관없는 일이야"라는 식이다. 하지만 사실 이런 불평과 침묵의 이면에는 인정하고 싶지 않은 타인에 대한 커다란 기대감이 숨어 있다.


## 담기 기능, 제대로 알자


타인에게 끝없이 기대하는 이유는 자기 대상과 함께하면서 얻는 만족감과 더불어 결핍감의 해소가 커다란 성취감을 주며, 자아의 성장과 발달에 필수적인 요소이기 때문이다. 그렇지만 지나치게 자신의 욕구만을 충족하길 바라면 문제가 발생한다. 성숙한 자아의 발달은 나를 중심으로 보는 것이 아니라 상대를 위해 먼저 잘 들어주는 것부터 시작한다. 그러려면 받아주고 되받아치는 순서에 익숙해져야 한다.

또한 상대방을 그저 나의 연장선에 놓고 만족의 수단인 자기 대상으로만 보지 않고 자율성을 가진 독립적인 존재로 인식해야 한다. 상대는 원하는 반응만을 되돌려주고 내가 필요로 하는 것을 충족시키기 위한 도구가 아님을 항상 인식해야 한다. 그래야 소통의 만족감을 떨어뜨리지 않고, 내가 상대방을 이용하고 있을 뿐이라는 원치 않는 의심을 받지 않는다.

자기 대상은 내적 발달을 통해 극복될 수 있다고 앞에서도 이야기한 바 있다. 어머니와 아이 사이에 이루어지는 수많은 상호작용 속에서 자아의 발달도 이루어진다. 아이가 자기 대상에서 벗어나 대상을 인식할 수 있는 능력을 개발해 가는 과정은 정신분석가 윌프레드 비온(Wilfred Bion)이 분석했다.

그는 아이의 발달 과정에서 '담기 기능(containing function)'이 중요하다고 역설했다. 아이가 왜 불안한지도 모르는 채 화를 내고 짜증을 낼 때 엄마가 같이 화를 내면서 아이를 억누르기만 하면 아이는 건강한 자아를 형성하지 못한다. 엄마는 아이가 보내는 감정을 받아서 자기 안에 받아들인 후에, 그 내용을 소화해서 부정적인 감정은 제거하고 그 의미를 재해석하여 아이가 받아들일 만한 상태로 돌려주는데, 이것이 바로 '담기 기능'이다. 그리고 엄마와 아이 사이의 관계는 한없는 '담기 기능'을 통해 단단히 맺어진다.

이러한 관계는 나와 타인 간의 소통에도 적용될 수 있다. 상대방이 이유도 모르는 채 내게 화를 낸다고 하자. 자기 안의 상처와 불안감이 내게로 날아온다. 예기치 않은 공격에 화가 나서 내 안에 원래 담겨 있던 자존심의 상처까지 담아서 '되로 받고 말로 주는' 식의 반격을 가하는 것은 진정한 '담기'가 아니다. 일단은 상대방의 화를 먼저 받아주고, 그 감정을 분해하고 이유를 이해하고 해로운 요소를 제거한 후, 가치 판단을 내리지 말고 '아, 그렇구나'라고 생각하며 일단 담아보자. 내가 견딜 수 있는 수준까지 말이다. 그러고 나서 "화가 많이 났나 보다. 이토록 화를 낼 만한 일은 아닌 것 같은데, 내가 모르는 다른 이유가 있나 봐. 자세히 말해 줄래?"라며 순화하도록 한다. 바로 이러한 과정이 담기 기능을 구현하는 것이다. 기대치가 높은 상대, 나를 자기 대상으로 이용하고 있을 뿐인 상대와 소통할 때 이런 식으로 담기 기능을 적절히 이용하는 것은 매우 효과적이다.

명심해야 할 것은 내가 먼저 만족하려 들수록 만족감은 멀어진다는 사실이다. 그런데 내가 남을 만족시키려 노력할수록, 그리고 상대방의 만족도가 올라갈수록 내 만족감도 덩달아 올라간다. 혹시 나는 그에게 너무 큰 기대를 하고 있지는 않나? 김칫국만 혼자 들이켜고 있는 것은 아닐까? 또 내가 가진 그릇의 크기는 얼마나 될까? 작은 찻잔일까, 아니면 커다란 솥일까? 소통에 이르는 관계의 역학을 이해하면 내 만족감만 추구할 때는 절대 도달하지 못했던 새로운 경지에 오를 수 있다.

# 핑퐁의
# 원리

## 동반자적 관점

야구팬들의 관심사는 응원하는 팀이 가을 야구 시즌에 진출하는 것이다. 특히 매년 하위권에 머무르는 팀의 팬들은 여름이 지나 가을이 다가올수록 야구에 대한 관심이 커지고 한 게임, 한 게임이 더욱 소중해진다. 하지만 경기 중에 감독이 선발투수를 계투나 마무리투수로 기용하는 등 정상적인 로테이션을 깨는 전략을 쓰거나 한 경기에 여러 명의 투수를 기용해 한 이닝씩 던지는 소모전을 벌이면, 한 게임 이기려다가 시즌을 망칠지 모른다며 걱정한다.

소통을 말하면서 왜 야구를 이야기하는지 궁금할 것이다. 그러나 이것은 소통의 관계에서도 통한다. 한 경기의 승리도 중요하지만 가장 중요한 것은 시즌에서 우승하고, 부상당하는 선수 없이 시즌을 잘 마무리 짓는 일이다. 또 내가 응원하는 팀의 우승도 좋지만, 이왕이면 재미있고 아슬아슬한 승부가 이어져서 손에 땀을 쥐게 하는 진정한 프로 리그를 즐길 수 있기를 원한다. 그래서 감독과 선수에게는 팀만큼이나 프로 리그의 동반자 정신이 꼭 필요하다. 판을 죽이지 않고 활성화하는 것이 오늘의 승리보다 훨씬 중요하다는 말이다.

그러나 어느 팀도 10년 내내 우승만 할 수는 없다. 잘하는 해도 있고, 못하는 해도 있다. 아무리 선수들이 훌륭하다고 해도 팀 간의 상호관계는 한 팀의 독주를 용납하지 않는다. 관계도 그렇다. 한 번 만나고 끝나는 관계라면 독하게 마음먹고 안 좋은 소리를 해서라도 원하는 것을 얻어내는 데 집중하는 편이 나을 것이다. 그러나 계속 만날 사이라면, 분명히 자신이 우위에 서 있더라도 가혹하게 굴 수는 없다. 언제 입장이 바뀔지 알 수 없기 때문이다.

야구 게임은 점수 차가 크게 나서 승패가 일찍 결정되기도 한다. 그런 날에 감독은 주전선수들을 불러들이고 신인들에게 기회를 준다. 크게 이기고 있는데 굳이 보내기 번트를 치게 해서 1점이라도 더 따려고 애쓰지 않는다. 그런데 가끔 그런 암묵적인 규칙을 깨는 감독이 있다. 그런 경우 속으로 비난하거나, 우승한다고 해도 진심 어린 박수를 보내지 않는다.

소통과 관계도 이와 마찬가지다. 아주 작은 일에도 절대 지지 않으려 들고, 무조건 자신이 옳다고 인정받으려는 사람을 상상해 보자. 다른 사람의 허물을 보면 놓치지 않고 지적하고, 그 사람이 잘못을 시인할 때까지 쉬지 않고 몰아붙인다. 언제나 '나는 유능하고 너희는 무능해' 라는 식으로, 위에서 내려다보는 구도로 소통하며 관계를 이어간다. 그런 사람과 오래 관계를 맺고 싶을까? 99승 1패로 한 팀이 일방적으로 독주하는 리그가 있다면 팬들은 떠날 것이고, 함께 경기하는 다른 팀들은 의욕을 잃어버릴 것이다. 한 번은 그렇게 이길 수 있겠지만, 판은 깨져버린다.

신인 선수 선발 제도인 드래프트제를 시행하는 스포츠에서는 그해의 꼴찌 팀이 드래프트 1번을 뽑도록 기회를 준다. 그래야 팀의 전력에 균형이 잡히고 판이 깨지는 것을 막을 수 있기 때문이다. 다른 사람과 관계를 맺고 소통할 때에도 언제나 이기는 것에만 집중하지 말아야 한다. 원칙을 지키고, 지는 날에는 흔쾌히 질 줄도 알고, 단기적인 승부보다 리그의 우승이라는 장기적 관점으로 소통해야 한다. 그래야 나중에 49승 51패로 우승을 넘겨주더라도 기분 나쁘지 않으며, 다음 시즌을 기약할 수 있다.


## 정신과 의사가 탁구 치는 법


정신과 병동에서 빠지지 않는 생활 소품이 있다면, 바로 탁구대다. 탁구가 정신건강에 도움이 된다는 학술적인 근거에 따라 전국 방방곡곡의 정신병동에 탁구대를 두는 것은 아니다. 단지 실내에서 오랫동안 지내야 하는 환자들에게 운동이 필요하기 때문이다.

수많은 실내 스포츠 중에 하필이면 탁구인 이유가 무엇일까? 당구도 있지만 운동량이 많지 않고, 당구대나 당구공은 무기로 돌변할 수 있기 때문에 공도 가볍고 라켓도 자그마한 탁구가 안성맞춤이다. 그래서 그런지 대부분의 정신과 의사들은 웬만큼 탁구를 칠 줄 안다. 전공의 때부터 환자들과 탁구대를 사이에 놓고 공을 주고받으며 대화를 나누기 때문이다. 정신과 의사들에게 탁구는 소통을 위한 수단의 하나다. 평소 말도 하지 않고 움직이려 하지도 않으며 자기표현이 없어서 관계를 형성하기 어려운 환자라 해도, 몸을 움직이며 탁구공을 주고받다 보면 아주 표피적이고 일상적인 내용이나마 말문이 트일 수 있기 때문이다.

그러다 보니 정신과 의사는 탁구를 칠 때 받아치기 좋은 공을 같은 코스로 넘겨준다. 환자가 어떤 공을 쳐도 받아주고, 다시 치기 쉬운 곳으로 정확하고 평이하게 공을 넘겨준다. 이기기 위한 탁구가 아니라 대화를 위한 탁구이므로, 공이 너무 빨라도 안 되고 흥분해서 이리저리 뛸 필요도 없다. 괜히 스매싱을 했다가는 공을 집으러 뛰어가느라 애써서 잡은 대화의 흐름만 깨질 뿐이다. 그래서 안정적으로 공을 보내고 받는 실력만 는다. 나도 그 덕분에 병동 밖에서 친구들과 탁구를 치면 어이없이 승리를 헌납하곤 한다. 쉽게 칠 수 있는 공을 주는 버릇이 들어버렸으니 어쩌겠는가?

이기고 지는 게임으로 보면 이런 식의 탁구는 소용도 없고 재미없다. 그러나 소통의 관점에서 본다면 모름지기 탁구는 주고받는 핑퐁이 되어야 한다고 생각한다. 영어로 핑퐁(ping pong)은 테이블 위로 공이 오가는 의성어를 재미있게 표현한 단어다. '핑'이 있어야 '퐁'이 있다는 것은 소통의 핵심을 잘 설명해 준다.


## 소통이라는 과정의 즐거움


누군가와 의미 있는 소통을 하기 위해서는 어떻게 멋진 스매싱을 날려서 그의 허점을 공략할지 골몰해서는 안 된다. 당장은 멋지고 통쾌할지 모르지만 허둥지둥 헛손질한 상대방은 당황하게 되고, 멀리 튀어나간 공을 집으러 뛰어가다 보면 슬슬 열이 받는다. 그러면 상대방 역시 강한 스매싱에 골몰하게 된다. 눈에는 눈, 이에는 이라는 것은 만고불변의 진리다. 탁구에서 스매싱을 날리는 전법을 구사하는 선수들은 세 번째나 네 번째 공에서 점수가 난다. 오래가는 랠리를 보기 힘들다.

탁구채를 쥐는 방식은 펜을 잡듯이 쥐는 펜홀더형과 라켓을 감아쥐는 듯한 쉐이크핸드형으로 나뉜다. 펜홀더형 선수는 주로 테이블 앞으로 바짝 다가서서 강한 드라이브로 스매시를 날리는 전진속공의 전략을 구사하고, 쉐이크핸드형 선수는 어려운 공을 탁탁 받아주며 랠리를 유도해 허점을 찾아내고 공격하는 수비형 탁구인 경우가 많다. 우리나라의 유승민 선수는 전형적인 펜홀더형 선수다. 게임을 구경하는 사람 입장에서는 펜홀더형 선수의 게임을 보는 것이 즐겁다. 하지만 함께 치는 사람 입장에서는 쉐이크핸드형 선수와 공을 주고받는 것이 훨씬 재미있다. 〈100분 토론〉에 나온 논객들의 독기 서린 열띤 논쟁은 시청자의 입장에서 보면 재미있지만, 막상 내가 그 자리에 앉아 있다고 생각해 보자. 그 자리를 즐길 만한 강심장이 몇 명이나 될까?

하지만 받아주기만 하는 소통을 하기란 쉽지 않다. 우리는 대화 중에 자신이 해야 할 말을 하지 못하고 이야기가 끝날까 봐 조마조마해 한다. 목적이 있는 만남이라면 더욱 그렇다. 그래서 그 타이밍을 잡느라고 상대의 말과 표정을 온전히 살피지 못한다. 그러면 상대는 소통이 겉돈다고 느낄 위험이 있다.

상대가 받아들일 준비가 되어 있지 않은 내용은 아무리 잘 전달해도 제대로 소화가 되지 않는다. 내 마음이 아무리 급해도 상대가 문을 열고 받아들이지 않으면, 벽만 치게 되거나 문 안으로 들어가도 산산이 부서져 사라지거나, 아니면 의도와는 전혀 다른 의미로 잘못 해석될 수 있다. 그러므로 초조하고 급한 마음이 들수록 한 박자 쉬면서 장기전이나 리그전을 하는 마음으로, 탁구 칠 때 받아쳐주듯 해야한다.

지금 이 경기를 꼭 이기지 않아도 된다는 마음, 이번에는 상대방에게 양보하고 상대방이 원하는 대로 해주는 것도 좋다는 마음을 먹기란 쉽지 않다. 하지만 나와 상대의 관계 방정식이 긴 리그전의 일부분이라고 여기고 생각을 바꿔보자. 이미 10 대 0으로 지고 있는 게임에 에이스를 투입할 이유도, 무리한 작전을 펼칠 필요도 없다. 쉴 때는 쉬어가는 박자 조절도 필요하다. 선수들이 지쳐 있고 부상 선수가 많다면 지지 않는 경기를 목표로 삼는 것도 좋다. 이는 비겁함이 아니라 현명함이다. 강팀에 대해 따는 1승이나, 약팀에 대해 따는 1승이나 똑같다. 이길 필요가 있다면 강팀에 총력전을 펼쳐서 1승을 따기보다는 약팀이나 비슷한 수준의 팀에서 2승을 따는 편이 현명하다. 중요한 것은 시즌이 끝났을 때 성공적으로 마무리를 지을 수 있는가 하는 문제다. 여기에 초점을 맞추면 지금 상대방을 대하는 마음이 한결 편안해진다.

소통이라는 경기를 하면서는 공격하는 데에만 집중하기보다 일단 받아주면서 서로가 소통을 즐기고 있다고 느끼게 하는 것이 우선이다. 프로레슬러들은 로프 반동을 이용해서 상대를 던지거나, 로프 위로 올라가서 상대방에게 몸을 날리기도 한다. 이때는 기술적으로 잘 받아 함께 넘어져야 하는데, 그렇지 않으면 크게 다칠 수 있다. 억지로 막거나 받아치거나 피하면 누군가는 부상을 입을 수도 있고, 관중들이 볼 때에도 경기가 삭막하고 재미가 없다. 서로 믿을 수 없으니 크고 화려한 기술을 쓸 수 없기 때문이다. 피가 튈 정도로 격렬한 프로레슬링이지만 선수들은 서로가 동업자이자 동반자라는 믿음을 갖고 경기를 하기 때문에, 링 위에 누워 있는 선수를 향해 로프 위에서 몸을 날려도 상대 선수는 온몸으로 받아준다. 그래야 서로 다치지 않으며 큰 기술을 구사할 수 있고, 관객들은 더욱 환호하고 다시 경기를 보러 온다는 사실을 잘 알기 때문이다.

경기에서 이기거나 멋지게 공격에 성공해서 잠시 통쾌함을 느끼는 것이 중요하지 않다. 소통할 때는 전체 시즌을 보는 거시적 관점, 상대를 이겨야 할 대상이라기보다 함께 나아가는 동반자이자 동업자로 보

는 관점, 하고 싶은 말을 하기보다 잘 들어주려는 마음, 상대가 준비
될 때까지 기다리는 자세가 중요하다. 이런 마음가짐을 가진 사람에게
는 사람들이 모인다. 그와 함께하면 즐겁고 신나기 때문이다. 또 그 관
계들을 보는 것만으로도 즐겁다. 프로레슬러나 야구선수 들의 호쾌한
경기를 보는 것처럼 말이다.

# 2장

# 공감의
# 조건

---

---

## 당신은 들어주는 사람입니까?

> 맛깔나게 말을 잘하는 능력보다 오랫동안 관계를 유지하고 상대를 만족시킬 수 있는 것은 '잘 들어줄 줄 아는 능력'이다. 경청은 두 가지 한문으로 쓰인다. 하나는 귀를 기울여 듣는다는 뜻의 '傾聽'이고, 다른 하나는 공경하는 마음으로 듣는다는 의미의 '敬聽'이다. 이렇게 귀를 기울여 상대를 존중하고 공경하는 마음을 간직하고 들어야 한다. 그러기 위해서 자세와 시선은 상대를 향해야 하고, 말의 내용뿐 아니라 상대의 감정변화에도 주목하며 선입견으로 섣부른 판단을 하지 않도록 주의한다. 우리말은 서술어가 제일 나중에 나오기 때문에 끝까지 다 듣고 난 다음에 충분히 생각하고 나서 대답해도 늦지 않다.

# 칵테일파티 효과의
# 비밀

## 같은 대화, 다른 기억

한 부부가 친구 부부와 식사하고 돌아오는 길에 남편이 아내에게 우리나라 기술력이 참 대단한 것 같다며 입을 열었다. 왜냐고 묻는 아내에게 남편은 "아까 영훈이가 하는 말 못 들었어? 영훈이네 회사에서 반도체 개발하잖아. 지금 시장에 나온 것보다 몇 단계 앞선 반도체의 상용화가 끝났대. 그런데 시장이 받쳐주지 않아서 일부러 내놓지 않는다던데?"라고 설명했다. 그러자 아내는 "그래? 난 들은 기억이 없네. 참, 미혜 씨는 이번 방학에 아이들 데리고 어학연수 간대. 영훈 씨가 회사에서 보너스라도 두둑하게 받았나 봐"라고 답했다. 남편은 그 말을 들은 기억이 없었다. 아내는 남편에게 "당신은 내가 애들 데리고 어학연수 가는 거 결사반대니까 듣기 싫었나 보지"라며 타박했다.

수십 명이 모인 파티도 아니고 고작 일고여덟 명이 모이는 자리였는데도 같은 상황을 서로 다르게 이해하거나, 한 사람은 분명히 들었는데 다른 사람은 전혀 그런 말을 들은 기억이 없는 경우가 있다. 이렇게 같은 자리에 있었는데도 상황을 전혀 다르게 이해하는 경우가 종종 있다.

사람 사이의 오해는 이렇듯 기억하는 내용의 차이에서 일어나는 것이 대부분이다. 그렇다면 기억은 어떤 과정을 거쳐 뇌 속에 저장될까? 모든 기억은 입력→저장→출력의 과정을 거치는데, 기억의 입력은 눈과 귀 등의 오감을 통해 이루어진다. 입력된 기억은 대부분 사라지고 오랫동안 기억할 만한 것만 남아 뇌에 저장된다. 이런 기억이 어느 시점에 필요하다고 판단될 때, 의식의 표면으로 올라와 머릿속에 떠오르는 것이다.

그렇다면 사람들은 왜 듣고 싶은 것만 들을까? 식당에서 친구와 밥을 먹으면서 이야기하다가도 옆 테이블의 전혀 모르는 사람들이 소곤거리는 연예인의 흥미로운 가십을 들으면, 친구의 말소리는 들리지 않고 그 이야기만 생생하게 들리는 경험을 한 적이 있을 것이다. 사람들은 관심 있는 내용만 듣고, 같은 말을 듣더라도 부분만 기억하는 경향이 있기 때문이다.

서양에서는 칵테일을 한 잔씩 들고 많은 사람들이 모여 파티하는 경우가 자주 있는데, 때로 어떤 사람과 이야기를 나누고 있다가도 멀리서 누군가 내가 관심을 갖고 있는 주제나 나와 관련된 이야기를 하고 있으면 내 앞에 있는 사람의 목소리보다 그 소리가 더 잘 들리는 경우가 있다. 자기가 관심을 갖고 있는 이야기에 더 집중하게 되는 것을 '칵테일파티 효과(cocktail party effect)'라고 한다.

이는 1950년대 콜린 체리(Colin Cherry)라는 학자가 처음 관심을 보이고 실험하면서 만들어진 이론인데, 공항 관제탑의 스피커에서 동시에 들리는 비행사들의 목소리가 혼란을 야기하자 문제의 원인을 찾기 위해 실험을 하게 되었다. 체리는 피실험자에게 동시에 하나의 스피커에서 나오는 두 명의 목소리를 구별하게 했다. 그랬더니 배경 소음(칵테일파티의 웅성거림)에서 목소리의 톤과 속도, 말하는 사람의 성별 등에 따라 잡아내는 메시지가 달랐다. 이후 이런 현상이 일반적이라는 사실이 알려졌고, 특정 사안에 대한 선택적 집중력과 관련이 있다는 것을 알게 되었다. 배경 소음에서 원하는 메시지만 뽑아내는 능력은 인간의 정보 입력이 선택적 집중(selective attention)에 의해 이루어지기 때문이다.


## 보이지 않는 고릴라


현대의 일상생활에서 매일같이 쏟아져 들어오는 수많은 정보에 대해 오감을 모두 열어놓는다면, 주체할 수 없이 많은 정보들을 도저히 다 처리하지 못할 것이다. 그래서 뇌는 그중 가장 쓸 만하며 당장 필요로 하는 정보만 대뇌의 정보처리기관으로 가져온다. 감각기관이

1차로 검열해서 필요 없는 것은 정보가 아닌 '소음'으로 걸러내어 뇌의 정보처리기관으로 들어오기도 전에 날려버린다. '한 귀로 듣고 한 귀로 흘려보낸다'라는 우리 속담이 이런 상황을 잘 표현하는 말이라고 볼 수 있다. 한쪽 귀로 어떤 말을 듣기는 하지만 뇌를 거치지 않고 다른 한쪽 귀로 내보낸다는 것이다.

권총을 든 은행 강도 패거리가 복면을 하고 들어온 경우를 예로 들어보자. 사람들은 혼비백산하여 바닥에 엎드렸고, 은행 강도 중 한 명이 지점장에게 다가가 권총을 겨누며 위협했다. 겁에 질린 지점장은 하는 수 없이 금고문을 열었고, 강도들은 돈을 훔쳐 달아났다. 잠시 후 은행에 도착한 경찰은 수사를 시작했다. 경찰은 가장 가까운 곳에서 강도를 봤던 지점장에게 범인들의 인상착의를 물어보았다.

그는 기억하고 있는 것이 거의 없었다. 키가 어느 정도인지, 몸짓이나 목소리의 특징, 옷 외에 결정적인 증거가 될 만한 것 등, 가까이에서 본 사람만 알 수 있는 신체적 특징에 대해 아는 것이 별로 없었다. 반면 강도가 겨눈 총의 생김새에 대해서는 자세히 기억하고 있었다. 조금 떨어진 곳에서 강도를 지켜보았던 사람이 오히려 전반적인 인상착의에 대해 더 많은 정보를 줄 수 있었다.

위에서 말한 칵테일파티 효과를 적용한다면, 생명이 오갈 정도로 중대한 일을 당한 지점장이야말로 범인의 일거일동에 가장 집중했어야 했다. 그런데 왜 그는 범인에 대해 기억하는 것이 거의 없을까? 이런 경우처럼 선택적 집중이 너무 과도한 나머지 생기는 기억의 부재를 학자들은 '무기 중심 효과(weapon focus effect)'라고 부른다. 특정한 것에 너무나 과도하게 집중한 나머지, 전체 맥락을 포함한 큰 그림 안에 중요한 것을 담지 못하고 당장 급한 부분에만 관심이 쏠린 것이다. 그래서 지점장은 자신을 겨눈 총의 생김새는 세밀하게 기억했지만, 그밖의 상황에 대해서는 아무것도 기억할 수 없었던 것이다.

이처럼 일반적으로 사람들은 생명에 위협을 느끼는 상황에서는 전체적인 맥락에서 상황을 분류하고 큰 그림부터 세세한 부분으로 기억해 나가는 방식의 이성적인 정보 수집을 하지 못한다. 그래서 객관적으로 볼 때에는 무척 중요한 정보를 흘려보내거나 전혀 인식하지 못할 수도 있다. 그것은 그 사람이 무능력해서가 아니라 선택적 집중에 의해 특정 영역으로 온 신경이 집중되면서 불가피하게 다른 영역이 무시됐기 때문이다. 마찬가지로 같은 자리에 있던 사람들이 서로 다른 부분만 기억하고 있다는 것은 자기가 관심을 갖고 있는 부분에 집중하느라 다른 부분이 전혀 귀에 들어오지 않았기 때문이라고 할 수 있다.

예를 들어 남자들은 같은 자리에 있던 사람의 새 스마트폰은 잘 기억하고, 여자들은 그 사람이 입은 옷의 상표와 색감을 자세히 기억한다. 그래서 미국에서는 용의자들을 세워놓고 한쪽에서만 보이는 유리 안쪽에서 목격자나 피해자가 누가 범인인지 지목하는 라인업(line-up)의 정확성에 대한 연구가 많다. 목격자나 피해자가 어떤 상황에 처해 있었는지, 얼마나 시간이 흘렀는지, 중간에 사건과 관련된 어떤 정보를 들었는지, 유색 인종이나 옷차림에 대한 편견은 없는지 등에 따라 목격자 증언의 정확도가 얼마나 달라지는지 다각도로 연구하는 것이다. 이는 정보 입력의 집중도와 입력된 정보가 기존의 경험들과 섞이고 가공되어 저장되면서 전혀 다른 방향으로 흘러갈 위험이 있기 때문이다.

1990년대 중반, 심리학자 대니얼 사이먼스(Daniel Simons)와 크리스토퍼 차브리스(Christopher Chabris)는 피실험자들을 모아놓고, 세 명씩 구성된 두 팀이 서로 농구공을 주고받는 게임을 하는 영상을 보여줬다. 그리고 피실험자들에게 검은색 옷과 흰색 옷으로 구분된 두 팀의 게임 모습을 보고 바닥에 튀긴 패스와 공중 패스를 구분해서 세도록 임무를 부여했다. 경기 도중에 고릴라와 우산을 든 여자가 그 사이를 걸어가는 모습이 최소 5초간 선명하게 나왔다. 영상이 끝나고, 패스의 횟수를 세는 동안 비디오에서 뭔가 이상한 것을 보았는지, 선수 여섯 명 말고 다른 사람을 보았는지, 고릴라가 지나가는 것을 보았는지 물어보았다. 그랬더니 피실험자의 50퍼센트가 고릴라나 우산을 든 여자를 보지 못했다고 답변했다.

이번에는 고릴라가 9초에 걸쳐 나타나 중간에 서서 가슴을 치고 가는 장면을 삽입해서 보여주었다. 그런데 역시 50퍼센트가 고릴라를 보지 못했다. 이런 결과를 믿지 못한 다른 사람들도 여러 번 반복해서 같은 방법으로 실험했다. 그러나 결과는 같았다. 이 실험으로 '집중하지 않는 경우 장님이나 다름없다(inattentional blindness)'는 것이 그 사람의 무능력 때문이 아니라 우리 뇌의 정상적인 작용이라는 사실을 알아낸 것이다.

이렇듯 각자의 관심 영역에 따라, 또 집중하는 정도에 따라 한자리에 있었다고 해도 전혀 다른 내용을 기억하는 것은 흔히 있는 일이다.

서로 다른 기억을 사람의 신뢰성이나 머리의 좋고 나쁨, 아전인수 식의 이기적인 모습, 자기에게 불리한 것은 모두 부인하려는 방어적인 자세 탓으로만 해석할 일은 아니라는 말이다.


## 다르게 기억하고 있다고 거짓말은 아니다

선택적으로 무언가에 집중하게 된다는 것은 달리 말하면 '내가 듣고 싶은 것'만 듣는다는 뜻이다. 사람은 모두 자기가 듣고 싶은 것만 듣는다. 그리고 그것에 집중하다 보면 나와 관련이 없다고 생각되는 것은 아예 머릿속에 들어와 자리를 잡을 기회조차 없이 튕겨져 나간다. 어쩌다 운이 좋아서 머릿속에 들어온다 해도, 별다른 중요성을 부여받지 못한 채 구석에 처박혀 있다가 오랫동안 저장될 필요가 없는 정보로 분류되어 휴지통으로 향하는 신세가 된다.

그러므로 상대방이 어떤 일에 대해 나와 다르게 인식하고 기억하더라도, 그가 거짓말을 하고 있다며 화낼 필요 없다. 오히려 듣고 싶은 것만 듣고 기억하는 인간의 생리를 이해함으로써 나와 남 사이의 어쩔 수 없는 이해의 차이를 받아들이는 편이 바람직하다. 그러지 않으면 사람을 신뢰하지 못하고 의심하게 되며, 일부러 거짓말한다고 오해하는 일이 자주 생길 것이다.

구로사와 아키라 감독의 영화 〈라쇼몽〉에 등장하는 한 인물이 의문의 살인 사건에 대해 아내, 무사, 도적이 모두 다른 말을 하는 것을 보며 "인간은 인간일 뿐이야. 인간이기 때문에 거짓말을 하지. 인간은 심지어 자기 자신에게도 진실을 말하지 않아"라고 냉소적으로 탄식하는 대목은 이런 사실에 대해 많은 시사점을 던져준다.

## 퍼즐 조각 맞추기와 차이 인정하기

이제 조금만 생각을 바꿔보기로 하자. 먼저 자신이 기억하고 있는 것에도 주관이 개입되어 있다는 사실을 인정하자. 내가 믿고 있는 것이 전부가 아닐지도 모른다고 한발 물러섬으로써 오히려 타자에게 한 걸음 더 다가갈 수 있다. 상대방도 나와 마찬가지로 자신이 좋아하는 것만 듣고 기억하고 있을지도 모른다는 사실을 인정한다면, 둘의 관계는 훨씬 가까워질 것이다.

사람은 누구나 자신만의 고유한 기억 체계를 지니고 있고, 주관적인 취향에 따라 취사선택한 정보를 수집하여 저장하고 있다는 것, 그렇게 차곡차곡 쌓인 기억이 일란성 쌍둥이나 '일심동체'라고 하는 부부 사이에도 엄연한 차이를 만든다는 것을 이해할 필요가 있다.

가끔 TV 프로그램에서 애인이나 부부가 출연하여 첫 키스한 장소나 처음 본 영화 등 상대방이 당연히 알 것이라고 생각하는 질문을 던지고 다른 한쪽이 대답하게 하는 경우가 있는데, 어딘가 잔인한 측면이 있다는 생각이 들곤 한다. 물론 출연자들은 사전에 예행연습을 했겠지만, 그 프로그램을 지켜보는 시청자들은 무의식중에 자신의 남편이나 아내에게 확인해 보고 싶은 욕망을 느낄 수도 있기 때문이다.

기억이란 처음 입력 과정부터 서로 어긋나기 쉽다. 그러니 기억하는 부분이 다르다고 해서 실망할 일은 아니다. 아니, 사실은 그 편이 더 좋을 수도 있다. 자신이 관심을 갖고 집중한 것 위주로 기억하다 보면 다른 부분을 놓치게 마련인데, 이럴 때 내가 보지 못했던 것을 포착하고 기억하고 있는 누군가가 곁에 있다는 것은 얼마나 좋은 일인가. 자신이 보지 못한 것을 상대방이 보고 내가 무심코 지나쳐버린 부분을 알려주면, 더 큰 그림을 볼 수도 있을 것이다.

내가 퍼즐 조각 하나만 애지중지 갈고닦는 사람일지도 모른다고 인정할 때, 나와 남 사이의 소통은 더욱 의미가 깊어진다. 나의 퍼즐 조각과 남의 퍼즐 조각이 다르기 때문에 보다 큰 그림을 그릴 수 있으니 얼마나 좋은가. 그런 의미에서 기억의 차이란 갈등과 의심의 싹이 아니라 경험을 확장시킬 수 있는 기회다.

# 공명과
# 튜닝

## 같은 주파수를 찾기 위한 노력, 튜닝

우리는 무의식적으로 동조하려 노력하지만, 관계의 증진을 위해서는 좀 더 적극적인 동조가 필요하다. 그리고 동조를 통해 공명이 일어나는 순간, 전에는 경험하지 못한 폭발적인 에너지의 발산을 경험할 수 있다. 그 쾌감에는 대단한 힘이 있다.

1940년 11월, 미국 워싱턴 주 타모카 해협의 다리가 산들바람에 어이없이 무너져버린 사건이 있었다. 바람이 불 때 생긴 작은 진동이 우연히 다리의 고유진동수와 일치하여 공명했고, 심하게 진동하고 휘어지던 다리가 마침내 바람에 무너지고 말았던 것이다. 이처럼 공명한다는 것은 그만큼 강한 힘을 낼 수 있다. 사람과 사람 사이의 관계에서 상대방에게 영향을 주고 싶다면 먼저 진동수를 맞춰야 한다. 그래야 폭발력 있는 의사소통을 이룰 수 있다. 그러기 위해서는 가만히 듣고만 있어서는 안 된다.

칙칙대는 잡음이 들리는 라디오가 있다고 하자. 음악을 듣기 위해서는 다이얼을 이리저리 돌려 정확한 주파수를 찾아내고, 안테나의 방향을 바꿔야 한다. 그래서 라디오에 내장된 동조 회로와 맞는 주파수를 찾아냈을 때 비로소 음악을 잘 들을 수 있다. 이것을 '튜닝(tuning)'이라고 한다.

사람과 사람 사이의 대화는 날아다니는 전파를 잡아내듯 미세한 튜닝을 필요로 한다. 오케스트라에서 수석 바이올리니스트가 연주 전에 첫 음을 내어 모든 연주자가 같은 음으로 튜닝하는 것도 같은 과정이다. 튜닝을 위한 노력은 주파수를 맞추기 위한 동조의 노력이며, 그 결과물이 공명인 셈이다.

그러므로 공명이 뒤틀리는 느낌이 들 때 일찍 알아차리고 튜닝하는 능력이 필요하다. 예를 들어, 나이 차이가 나는 동료들끼리 서로 존대하는 사이라고 하자. 한쪽은 그렇게 지내는 것이 편한 데 비해, 상대방은 같이 일하고 매일 보는 사이인 만큼 말을 편하게 했으면 한다. 이런 관계가 처음부터 금방 정리되면 좋지만, 꼭 그렇게 되지만은 않는다. 그래서 편하게 지내려고 나이 많은 쪽이 먼저 말을 편하게 했는데 상대의 얼굴 표정이 조금 언짢아 보인다면, 상대방이 그런 관계를 원치 않는 것을 재빨리 알아차리는 센스가 필요하다. 아직은 말을 편하게 할 만큼 가깝게 느끼지 않는 것이다. 그럴 때는 거리를 두고 존대하면서 그가 바라는 태도를 갖춰주는 것이 좋다. 시간이 지나면 언젠가 서로의 관계를 재조정할 타이밍이 올 것이다.

동조의 노력은 여러 방식으로 가능하다. 상대방이 가진 말의 리듬에 따라 적절한 시점에 고개를 끄덕인다거나 몸의 움직임을 따라 해본다. 마치 클럽에 처음 들어가서 낯설고 어색할 때 천천히 리듬에 맞춰 몸을 흔들다 보면 점차 클럽의 분위기와 음악에 몸을 온전히 맡기고 즐길 수 있게 되는 것처럼 말이다. 마찬가지로 상대방의 말에는 말로, 움직임에는 움직임으로 적절히 받아주며 튜닝해 나가면 벌어져 있는 간격을 좁힐 수 있다.

상대방의 반응에 편안히 반응하기 위해서는 우선 나의 반응 구간을 충분히 넓혀놓는 것이 좋다. 나의 반응 구간을 내 입장에만 맞춰서 너무 좁게 잡으면, 상대방이 반응을 보이기 전에 내 관심이 다른 곳으로 넘어가기 쉽다. 또는 상대방의 너무 빠른 반응을 놓치거나 당황하게 될 수도 있다. 그러므로 관계의 초기에는 반응 구간을 넉넉히 잡아서 아주 느리게 반응이 오더라도 참을성 있게 기다려주고 그 반응에 다시 반응해 주는 성의를 보여야 한다. 이때는 그가 보낸 반응보다 조금 더 빠른 속도로 반응을 보이도록 한다. 그러면 그도 조금은 더 빨리 반응할 것이다. 그런 식으로 두 사람 사이의 반응 구간의 차이를 줄여나가면, 두 사람은 어느새 동조에 가까울 만큼 만족스러운 대화를 경험할 수 있다.

공명이라는 절정의 순간을 경험하려면, 우선 반응 구간을 넉넉히 잡아 상대방의 주파수를 잡아내야 한다. 그렇게 찾아낸 주파수를 통해 상대방과의 반응 구간 폭을 서서히 맞추면서 튜닝하기 위해 노력을 기울여야 한다. 마지막으로 적극적인 동조를 통해 주파수가 맞춰지면 에너지의 강렬한 오고감이 이루어지는 공명의 순간을 만끽하게 되는 것이다.

그렇게 되면 두 사람은 1 더하기 1이 2 이상이 되는 시너지를 경험하는 절대 경지에 이르게 된다. 그러한 공명의 경험을 공유한 사람들 사이에는 웬만해서는 부수기 힘든 강한 결속력이 형성된다. 일단 두 사람 사이에 강한 결속력이 형성되면 그다음부터는 그 정도의 공명은 아니더라도 비슷한 주파수 안에서 쾌적하고 편안한 관계를 지속할 수 있다.


## 주파수를 다시 맞춰야 하는 시점

다른 도시로 차를 몰고 고속도로를 달릴 때 라디오를 틀어놓으면, 어느 순간부터 듣고 있던 주파수가 흐릿해지고 잡음이 심해진다. 전국 어디에나 비슷한 음식점, 휴게소, 좌판으로 덮여 주변의 풍광은 그다지 변하지 않는데, 라디오는 들리지 않는다. 그제야 '아, 내가 꽤 멀리 왔구나. 경계를 지나는군' 하며 거리를 실감하게 된다. 이리저리 주파수를 맞추기 위해 채널을 조작해 보더라도 내 마음에 드는 방송을 쉽게 찾을 수 없을 때도 있지만, 아주 우연히 한 번도 들어보지 못했던 방송을 찾을 때도 있다. 내 마음을 읽는 것처럼 내가 좋아하는 음악만 골라서 들려주는 방송을 찾으면 마치 나만을 위한 개인 방송국 같은 느낌마저 든다. 그러다가 '이 음악 다음에는 이런 느낌이 좋을 것 같은데'라고 생각했는데, 바로 그 음악이 흘러나오면 전율까지 느낀다.

사람을 만나 소통할 때에도 비슷한 경험을 하게 된다. 그동안 상대방을 잘 알고 지냈다고 여기고, 내가 그를 잘 이해하고 있다고 생각했다. 그런데 어느 순간 내 귀에 '칙' 하는 잡음이 섞여 들어온다. 그와 나 사이의 채널에 이상이 생긴 것이다. 그러면 그와 멀어진 것은 생각하지 않고 라디오만 탓한다. 혹은 방송국에 문제가 있다고 여긴다. 사실 그는 원래 있던 자리에서 전파를 쏘고 있고, 내가 움직이고 있는데 말이다. 경기도에서 충청도로 넘어가면 주파수가 바뀌게 마련인데도 왜 등록한 주파수에서 음악이 안 나오느냐고 화를 내는 형국이다. 가만히 앉아서 소리가 다시 나오기만 기다리면 문제는 해결되지 않는다. 그렇다고 내가 다시 돌아갈 수 있는 것도 아니다.

이럴 때에는 어떻게 해야 할까? 내가 변해야 한다. 채널을 돌려서 다른 주파수를 찾아야 하는 것이다. 내 레이더를 돌려 공중에서 부유하는 전파를 잡아내도록 노력해야 한다. 소통도 그렇다. 내 주파수는 고정시켜 놓은 채 왜 음악이 안 나오고, 스포츠 뉴스가 나오지 않느냐며 불평만 하는 사람들이 있다. 소통할 때에 뭔가 부족한 듯하고 잡음이 섞인 듯한 기분이 들 때에는 과감히 채널을 조정해야 한다. 튜닝을 통해 훨씬 깔끔한 전파를 찾을 수 있게 될 것이다.

같은 사람이 보내는 전파라 하더라도 전혀 다른 내용의 이야기를 찾아낼 수 있다. 방송에도 뉴스 채널, 클래식 채널, 일반 음악 채널 등이 있듯이, 한 사람이 내보내는 전파는 한 가지만이 아니다. 그런데 익숙해진 주파수에만 채널을 고정시킨 채 그의 입에서는 한 가지 이야기만 나온다고 혼자 우기면서 그를 잘 안다고 굳게 믿는다. 내가 변해가듯이 상대방도 변한다. 그래서 소통과 관계는 가변적이고 변화무쌍하다. 몰랐던 주파수를 찾아내듯이 소통하면서 상대방의 새로운 목소리를 찾아낼 때 공명의 떨림을 경험한다. 오래 알아왔지만 어딘가 부족한 것 같던 관계의 허전함이 채워지는 것을 느끼게 된다.

이런 만족의 느낌은 행동의 변화로 이어진다. 이제는 소통할 때 내가 아는 주파수만 고집하지 않고 채널을 이리저리 돌려본다. 상대방과 나 사이에 딱 맞는 주파수를 찾으려 노력하는 것이다. 그리고 상황에 따라 주파수가 변할 수 있다는 것을 알기에, 잡음이 생길 때는 내가 먼저 움직여 튜닝한다. 이렇듯 소통의 달인은 안테나를 올리고 튜닝을 잘해서 부유하는 주파수를 잘 잡아내는 사람이다.

# 한국인이 가진
# 소통의 특성,
# 정(情)

## 정들면 '우리'

정(情)은 너와 내가 함께하고 있는 '우리'이면서 동시에 하나가 된 상태를 뜻한다. 정이 든 관계의 원형은 이상적인 가족 관계다. 가족 사이의 친밀함의 수준, 더 나아가 나와 남 사이의 구별이 없는, 이웃사촌 이상의 관계를 만들어가는 장치가 정이다. 이성으로 설명할 수 있다기보다 감성적인 유대 관계를 한국적으로 뭉뚱그려서 표현한 말인 셈이다.

정이란 관계를 위해 존재한다. 우리나라 사람들은 이심전심의 상황을 만들 수 있도록 가능한 한 많은 노력을 기울인다. 서양인들처럼 상대방을 더 깊게 이해하기 위해 대화를 많이 나누는 식이 아니라, 정을 돈독히 하는 방식으로 이루어진다. 그것은 나와 상대의 존재 그 자체보다 관계를 더 중요하게 여기고, 먼저 관계의 정도를 파악하려는 성향이 있기 때문이다. 두 사람이 지닌 존재의 무게만큼 중요한 것이 서로를 이어주는 끈의 단단함이다.

리처드 니스벳(Richard E. Nisbett)의 『생각의 지도(The Geography of Thought)』에는 동양과 서양의 사고방식 차이에 대한 흥미로운 실험이 나온다. '소―닭―풀'이나 '원숭이―판다―바나나'를 놓고, 이중에서 둘씩 묶는다면 무엇을 고를 것인지 물었다. 이때 동양인은 소와 풀, 원숭이와 바나나를 고르고, 서양인은 소와 닭, 원숭이와 판다를 고르는 비율이 높았다. 동양인은 소와 풀이 '먹고 먹히는 행위'로 엮여 있는 서로의 관계를 먼저 보고, 서양인은 소와 닭이 동물이라는 분류를 먼저 보는 경향이 있었다. 동사를 중심으로 사물 간의 관계를 먼저 따지는 동양인은 인간관계에서도 '나와 저 사람은 가까운가, 먼가'라는 관계의 측면을 먼저 보고, 서양인은 '저 사람은 누구이고, 어떤 사람인가'를 파악하려 한다.

이와 유사한 실험으로 '풍선이 날아오르는 화면'을 보여주고 무슨 일이 일어났는지 물으면 많은 서양인은 '풍선에 공기가 채워졌다'라고 대답하는 반면, 동양인은 '주변에 바람이 분다'라고 대답하는 경향이 있다고 한다. 내부의 동력을 중요시하는 서양인과 주변의 영향에 의해서 움직임과 변화가 일어난다고 믿는 동양인의 차이가 드러나는 것이다.

그래서 우리는 사람 사이의 관계에 더 큰 관심을 갖고 시간과 에너지를 더 많이 투자한다. 관계가 탄탄하고 촘촘하면 안심하고, 그렇지 못하면 불안해한다. 그리고 끊임없이 상대방과 나 사이에 존재하는 거리의 간격과 '정으로 쌓은 다리'의 튼튼함을 확인하려 든다. 하지만 우리 문화에서 이런 일을 드러내놓고 확인하고 과시하려는 것이 문화적으로 용납되지 않기 때문에 관계 맺기가 복잡해진다. 중국에서 사업을 하려면 중국인 특유의 인적 네트워크인 '관시[關係]'를 이해하고, 이를 만들어가는 노력이 필요하다고 한다. 우리 사회의 정 문화도 이에 못지 않다. 외국인만이 아니라 한국인들에게도 마찬가지로 어렵다.

이는 정이란 것이 생명체처럼 변화무쌍하고 특징적인 움직임을 갖기 때문이다. 정은 컵에 물을 채우듯 눈에 보이게 쌓이지 않고 서서히 스며든다. 그래서 우리는 '정든다'라고 말한다. 옷에 물감에 배듯이 자연스럽게 배어드는 것이다. 정은 '드는 것'이지만 그 반대말은 '정떨어진다'다. '정 빠지다'라거나 '정 붙다'라는 말은 쓰지 않는다. '정분나다'라는 욕정적 해프닝을 설명할 때를 제외하고는 말이다. 대화가 통하지 않으면 정이 '뚝' 하고 내 몸 밖으로 떨어져버린다. 정이 들 때는 시간이 걸리지만 정 떨어지는 것은 한순간이다.

이런 단어의 구조는 우리 사회의 인간관계를 설명한다. 정드는 데에는 시간이 필요하나, 떨어지는 데는 한순간이라는 것이 잘 드러난다. 그래서 우리는 정떨어지는 일이 벌어질까 봐 불합리한 일도 거절하지 못하고 질질 끌려가거나 순응하는 경우가 많다. 불합리하다고 할 수도 있지만, 우리나라의 문화적 맥락에서 몇 가지만 지키면 사람들과 좀 더 돈독하게 정을 쌓을 수 있다.

먼저 대책은 없지만 마냥 도와주는 것, 이왕이면 내가 손해를 보면

서까지 도와주는 것이 정을 쌓는 전제조건이다. 부자 친구가 10만 원 짜리 수표 한 장 내놓는 것은 큰 효과가 없다. 하지만 가난한 친구가 당장 급한 전셋값에 보태라며 오랫동안 모아놓은 적금을 깨서 빌려줄 때, 그와 나는 남다른 사이가 된다. 그래서 오 헨리(O. Henry)의 단편 선 중에서 우리나라 사람들이 가장 사랑하는 소설이 『크리스마스 선물(The gift of the Magi)』인지도 모른다. 소중한 머리카락과 시계를 팔아 서로에게 필요한 것을 선물하는 마음에서 두 사람의 정을 확인할 수 있기 때문이다.

정을 쌓기 위한 또 다른 조건은 보이지 않게 도와주고 도와준 티를 내지 않아야 한다는 것이다. 그러다가 상대방이 우연히 도와준 것을 알아차리면 효과는 극대화된다. 『형님 먼저 아우 먼저』라는 전래동화 에서 가난한 형제가 몰래 서로에게 쌀섬을 옮겨주다가 한밤중에 마주 치고는 너털웃음을 웃었듯이, 남 모르게 베푸는 선행에 우리는 감동 한다.


## 소속감과 소통감

그러한 과정을 통해 시간이 지나면 김치가 익듯이 정이 '드는' 것이다. 그리고 나와 너는 '우리'가 된다. 코드가 맞는 이너서클(inner circle)에 함께 들어가면 웬만한 잘못을 해도, 웬만큼 말실수를 해도 관계는 크게 훼손되지 않는다. 정이 드는 것의 목표는 '우리'가 되는 것이다. 우리가 되고 나면 '남'은 더 멀게 느껴지고, 우리 안의 사람들끼리는 끈끈한 정으로 뭉친다. 웬만한 잘못도 눈감아주고 덮어준다. 바로 "우리가 남이가?"의 상태가 실현되는 것이다. 남이 아닌 우리가 되었다는 것은 우리끼리만 통하는 특정한 코드가 확립되고 우리와 '우리가 아닌' 집단이 구분된다는 것을 뜻한다. '미운 정 고운 정'이란 말을 하거나, '그놈의 정 때문에'란 말을 하게 되는 것, '죄는 미워하되 사람은 미워하지 말자'고 하거나, "나쁜 뜻으로 그런 것은 아니었을 거예요"라며 문제가 있는 사람을 두둔하는 것도 정이 든 사람을 나와 동일시하려는 기제가 작동하기 때문이다.

우리 사회에서는 이러한 이너서클의 실체를 공식적으로는 인정하지 않으려 한다. 하지만 사실은 존재하고 있다는 것을 모두 잘 알고 있다. 법조계의 전관예우도 그렇다. 법조인들은 이를 부인하지만, 사람들은 기를 쓰고 법복을 갓 벗은 변호사를 찾아가 사건을 의뢰하고, 사건 담당 판사와 동향이거나 학연이 있는 변호사를 찾는다. 실제 법률 관련 인터넷 유료 사이트 중에는 법조인의 학력과 근무지를 데이터베이스로 만들어서 같은 고등학교를 졸업하면 1점, 대학 동문이면 1점, 판·검사 재직 시 같은 곳에서 근무한 경우 1점을 추가하는 식으로 관계망을 계산해 주는 곳이 있다.

또한 비슷한 직종 안에서 결혼하는 경향도 이와 비슷하게 볼 수 있다. 특히 최근 10년 사이에 공무원들 간의 결혼이 증가하고 있다고 한다. 서울시 25개 자치구와 본청 공무원 4만 2,837명 중 공무원 부부는 6,162명(7.2퍼센트)인데, 이들 중 30대와 40대가 차지하는 비중이

각각 33.0퍼센트와 49.7퍼센트나 됐다. 다른 지역도 마찬가지다. 포항시는 시청 공무원 1,992명 가운데 288명(부부 144쌍)이 커플이었다.

한국 사회에는 연줄이라는 독특한 인간관계의 네트워크가 존재한다. 이는 학연, 지연, 혈연이 어우러진 특이한 관계망으로, 수평적이고 느슨한 서양적 관계망과 달리 서로를 매우 가깝다고 여기는 개인적 신뢰감을 바탕으로 한다. 외부 사람들은 그 관계망 안으로 들어가기가 어렵다. 그러다 보니 이런 관계에서는 내 입장보다 남의 입장을 먼저 생각하고 배려하는 것이 소통의 기본이 되는 것이다. 꼭 아부하는 것이 아니더라도 말이다.

이러한 한국적 특성을 잘 보여주는 이야기가 있다. 길을 가던 한 선비가 목이 매우 말랐는데, 마침 우물가에서 물을 긷던 여자를 보고는 "지나가는 과객이오. 물 한 잔 얻어 마실 수 있겠소?"라고 청했다. 그러자 여자는 바가지에 물을 담더니, 우물 옆 버드나무에서 나뭇잎을 몇 장 훑어 물에 띄운 후 건네줬다. 마실 물에 나뭇잎이 떠다니는 것을 본 선비가 화를 내자 여자는 "선비님이 물을 급히 마시다가 체할 것 같았습니다. 천천히 드시라고 실례를 무릅쓰고 나뭇잎을 띄웠습니다"라고 대답했다. 이에 선비는 여자의 지혜로움에 감탄하고, 그녀를 아내로 삼았다. 여자는 상대방이 표현하지도 않고 깨닫지도 못한 상태까지 미리 짐작하고 배려해 준 것이다.

이와 다르게 서양에서는 음식을 준비한 후 손님에게 "마음껏 드세요(Help yourself)"라며 원하는 것을 알아서 먹게끔 권한다. 파티 문화에서 뷔페식 상차림도 서양에서 시작된 것이다. 그 사람이 좋아할 것을 미리 챙겨주기보다는 개인의 취향에 따라 고르게 하는 것이 그 사회에서는 배려다.

선비를 대하는 아낙의 예를 이상적인 소통과 관계로 여기는 우리 문화와는 많은 차이가 있다. 그래서 한국인들은 미리 알아서 챙기고 신경 쓰고 배려하는 것이 어릴 때부터 몸에 배는 것이다.

하지만 오랫동안 공을 들여 상대방을 위해줬다고 해서 항상 원하는 대로 관계가 이루어지는 것은 아니라는 사실이 소통에서 문제가 된다. 서로 바라는 것이 다를 수 있기 때문이다. 나는 A라는 그릇이 비었을 것이라 여기고 노력을 쏟아부었는데 정작 상대방에게 절실한 것은 B였고, 이미 가득 차 있던 A에 내가 쏟은 노력은 넘쳐서 흔적도 남지 않았다. 상대방 입장에서는 별로 필요한 것은 아니지만 주는 것이니 그냥 받기만 했을 수도 있다. 그러다 보니 대차대조표에 이상이 생긴다. 언젠가는 내가 노력한 것에 복리의 이자가 붙어서 되돌아올 것이라는 희망을 갖고 있다가, 막상 도움이 필요한 순간이 왔을 때 아무리 우회적으로 텔레파시를 쏘아도 상대방은 돌려줄 생각도 하지 않는다. 어떨 때에는 오히려 나에게 해가 되는 방향으로 움직이기조차 한다.

체면을 구기고 직접 도움을 청해 보기도 하지만 돌아오는 것은 내가 베푼 것의 반도 안 된다. 실속 없이 깡통에 동전 소리만 요란한 거지가 된 것 같은 기분이 든다. 그렇게 오랜 시간 물밑에서 정을 쌓은 후 뚜껑을 열어보면 대부분 실망하게 된다. 그럴 때 사람들은 "네가 나한테 이럴 수 있어?", "섭섭하다. 네가 이럴 줄 몰랐다", "정말 서운하다"라고 말한다.

지금껏 쏟아부은 정을 상대방이 알아주지 않는 것이 서운하고 심지어는 억울하기까지 하다. 내가 제대로 조준하지 못하고 엉뚱한 곳에 개인적 노력을 기울인 것은 생각지도 않고 만족스럽지 않은 상대방의 반응만 탓할 뿐이다. 정은 심정적인 것이라서 자신의 입장에서 일방적으로 평가할 수밖에 없기 때문이다. 일방적으로 평가를 당한 상대방도 억울하기 짝이 없다. 자신은 그 사람과의 관계가 그 정도라고 생각하고 자기가 느끼는 만큼 해주었을 뿐인데, 본전을 내놓으라고 윽박지르니 황당하고 억울한 것이다.

## 가섭이 지은 미소의 의미

살면서 겪는 수많은 오해와 갈등은 정을 조준하고 부어주는 방법, 정을 주고받는 방향이 잘못되었기 때문에 생겨난다. 각자 상대방이 정말 원하는 것이 무엇인지 모른 채 자기 입장에서 상대방이 원하는 것이라 여기고 퍼주기만 하면서 자기가 할 일을 다 했다고 생각할 때 관계는 어긋난다. 학비를 대주고, 용돈도 넉넉히 주고, 해달라는 대로 다 해줬는데 왜 아이가 삐뚤어졌는지 모르겠다는 부모와 "우리 부모는 절대 나를 이해 못 해요"라며 사랑과 관심에 목말라하는 아이의 관계도 이러하다.

이러한 현상은 두 사람이 이심전심을 바라지만 정작은 동상이몽(同床異夢)일 때 발생한다. 그럴 바에야 애초에 자신이 꾸고 있는 꿈을 서로 솔직히 밝히는 편이 좋지 않을까, 라고 생각해 보지만 정말로 그랬다가는 오히려 정떨어지는 사람으로 보이기 쉽다. '이기적이고 타산적인 사람'으로 취급당할 수도 있고, 섣불리 원하는 것을 밝혔다가는 뭔가를 빼앗아가려 한다고 비난받을 뿐이다.

이런 오해는 누구나 자기중심적인 관점에서 세상을 보기 때문이다. 같은 사건이라고 해도 각기 보는 사람에 따라 다른 관점에서 보고, 다른 식으로 해석하고 기억한다. 사람마다 살아온 삶의 궤적이 모두 다르다. 타고난 기질적 성향도 다르고 정치적 태도도 다르므로, 세상을 보는 직관적 판단을 하는 방법도 모두 다를 수밖에 없다. 그런 차이가 정보를 획득하고 관계의 질이나 양을 판단하고 평가하는 데 영향을 주며, 오해와 갈등의 소지를 만든다.

처음 두 사람이 만났을 때의 감정 상태나 첫인상도 관계에 상당한 영향을 미친다. 이를 알 수 있는 실험이 있다. 다음의 수식을 보고 2~3초 만에 답을 어림짐작해 보자.

1) $1 \times 2 \times 3 \times 4 \times 5 \times 6 \times 7 \times 8 = ?$
2) $8 \times 7 \times 6 \times 5 \times 4 \times 3 \times 2 \times 1 = ?$

샘 고슬링(Sam Gosling)은 『스눕(Snoop: What your stuff says about you)』이라는 책에서 사람들이 1)에 대해서는 평균적으로 500을, 2)에 대해서는 2,000을 이야기했다고 말한다. 그러나 5초만 눈여겨보면 둘의 답이 같다는 것을 금방 알아차릴 수 있다. 그런데도 바로 대답하라고 하면 어떤 숫자로 먼저 시작했냐에 따라 어림짐작한 답이 달라진다.

이 경우를 두 사람의 첫 만남에 적용해 보자. 한 사람은 상대를 불편하고 권위적인 사람으로 여긴 데다 실제로 그 상대는 자신보다 높은 지위의 사람이었다. 반면 다른 한 사람은 자신보다 낮은 지위의 상대방을 편하게 받아들였다. 그렇다면 그 후의 관계가 어떻게 풀려갔든, 두 사람이 처음 맺은 관계의 시작은 앞의 문제처럼 1과 8로 시작한 차이와 같다고 유추할 수 있다. 이 둘이 오랫동안 관계를 지속한다 할지라도, 그들의 시작은 그 관계의 축적물에 큰 차이를 만들어내는 요인으로 작용할 수 있을 것이다.

이와 같은 변수들은 인간관계에서 수없이 많이 찾아볼 수 있다. 상대방은 의식하지 않고 중요하지 않다고 여기는 엉뚱한 단서나 의미 없는 단서를 자의적으로 해석하는 것이나, 전체를 파악하지 않고 일면만을 보고 혼자서 결론을 내리는 경우도 동상이몽의 전형적인 예다.

오래 함께한 부부나 친한 친구이면서도 가끔씩 전혀 몰랐던 새로운 면모를 발견하고 깜짝 놀라게 되곤 한다. 괜히 속내를 밝혔다가는 이상한 사람으로 보일 것 같은 두려움 때문에 마음을 털어놓지 못하기 때문이다. 정말로 이심전심을 바란다면 지나치게 소극적인 자세로 누가 나를 알아주기만을 바라서는 안 될 것이다. 동상이몽에서 벗어나 서로 같은 꿈을 꾸기 위해서는 내가 원하는 이상이 무엇인지, 지향하는 바가 무엇인지, 지금 어떤 상태인지에 대해 표현하고, 상대에게 질문하여 상대의 필요를 알기 위해 노력을 기울여야 한다.

석가모니가 법회에서 연꽃 한 송이를 들어 사람들에게 보이자 제자인 가섭만이 그 뜻을 깨닫고 미소를 지었다고 한다. 가섭이 석가의 마음을 알아차릴 수 있었던 것은 오랫동안 석가를 존경하고 그를 이해하려 애썼기 때문이다. 그런 과정은 생략한 채 가섭이 지은 미소만 기억한다면 염화미소(拈華微笑)의 참뜻을 제대로 이해하지 못한 셈이다. 내가 먼저 남의 입장에 서서 배려하고 그의 마음속에 들어가 공감하는 노력, 그를 내 안으로 끌어들여 흡수하는 것이 아니라 그의 마음속에 먼저 들어가 자리 잡기 위해 마음의 빗장을 여는 것이 동상이몽을 넘어서 진정한 이심전심의 쾌감에 이르는 길이다.

지금 만나는 사람과 같은 자리에서 다른 꿈을 꾸고 있지는 않은가? 뭔가 어긋나기만 하고, 들이는 노력에 비해 상대와의 거리는 좁혀지지 않고 지치기만 한다면, 전면적으로 점검할 필요가 있다. 동상이몽과 이심전심, 그리고 정에 대해서 말이다.

# 공감의
# 능력

## 내 마음을 읽어봐

연인들이 데이트를 하던 중에 여자가 갑자기 입을 열었다. "오빠, 오늘 오는 길에 미수를 만났거든? 미수가 먼저 아는 척하지 않았으면 못 알아볼 뻔했어." 이 말을 들은 남자가 자신도 아는 사람인지 물었지만, 여자도 고등학교 졸업 후 처음 만난 사이였다. 남자는 오랜만에 만나서 못 알아본 것 같다며 웃었지만, 여자는 "아니야, 완전히 인간 개조였어. 뜯어고쳐도 어떻게 그렇게 뜯어고쳤는지"라며 흥분했다. 그러더니 갑자기 여자는 자신의 눈이 작지 않냐며 "성형 수술 해 볼까?"라고 남자에게 물었다. 남자는 지금도 괜찮다고 건성으로 대답하더니 "그래서 그 친구랑 다시 만나기로 했어?"라고 되물었다. 여자는 연락하기로 하고 그냥 헤어졌다고 대답했다. 남자는 중요한 사람도 아닌데 왜 굳이 이런 이야기를 꺼냈는지 이해가 가지 않는다며 고개를 갸웃거렸다. 그러자 여자는 "별 쓸모도 없는 말로 오빠 시간을 낭비해서 미안하네요!"라며 버럭 화를 냈고, 남자도 억울한 마음에 짜증이 치밀었다.

일상적 대화가 싸움으로 끝나는 것은 연인 사이에 흔히 벌어지곤 하는 일이다. 같은 이야기를 친구나 직장의 여성 동료 혹은 공감 능력이 높은 사람과 나눴다면 대화는 전혀 다른 방향으로 풍성하게 흘러갔을 수도 있다. 결론을 내리려 하기보다는 옛 친구의 변신에 놀란 여자의 마음에 공감해 주고, 함께 신기해하며, 각자의 외모에 대해 칭찬하거나 위로해 주었을 것이다.

그러나 공감 능력이 다소 떨어지는 남자의 입장에서는 목표나 교훈을 찾거나 결론을 내릴 것도 아니면서 우연히 만난 고교 동창의 이야기에 열을 올리는 것이 이상하게 느껴진다. 그래서 그 친구가 잘나가는 친구거나 앞으로 또 만나야 하는 사람, 과거에 안 좋은 일로 엮였던 사람은 아닌가 하고 짐작해 봤을 것이다. 그런데 그저 일상적인 대화일 뿐 큰 의미가 없다는 사실을 깨닫고 긴장이 풀리면서 짜증이 났다. 그 결과, 외모에 대한 고민과 콤플렉스에 대해 공감과 위로를 받고 싶다는 여자친구의 핵심적인 메시지를 놓쳐버렸다. 이 남성의 선천적 공감 결핍증 덕분이다. 이는 해결 불가능한 불치병일까?

공감이란 말하는 것만으로는 전달되지 않는 감정의 총체적 소통을 위해 필수적인 능력이다. 다른 사람의 마음 안에 들어가 그 사람을 느끼고, 내 안에서 타인의 생각과 감정을 시뮬레이션할 수 있어야 한다.

이런 능력은 성장하면서 자연스럽게 습득하는 것이다. 자신의 마음이 존재한다는 사실을 알게 되는 동시에, 이로 인해 본인의 생각, 감정, 행동 등이 결정되는 것을 깨닫는데, 이를 '정신화(mentalization)'라고 표현하기도 한다. 전에는 행동부터 먼저 하던 아기가 점차 행동하기에 앞서 생각하고, 다음에 일어날 일을 머릿속으로 그려보고 미리 경험하게 되는 것이다. 이런 과정을 통해, 내가 내 마음을 갖고 있듯이 다른 사람들의 마음도 존재하고, 다른 사람의 마음 상태가 그의 행동, 생각, 감정 등을 결정한다는 것을 알게 된다. 그전까지는 남들도 당연히 나와 똑같이 생각할 것이라 믿으며, 자기중심적 사고방식으로 살아간다. 사람들이 가까운 사람들에게 서운해하고 마음 상하는 일이 벌어지는 이유가 이러한 자기중심적 사고방식 때문이다.

"나랑 일한 게 몇 년인데 그거 하나 제대로 못하나?"라고 직장 상사가 말한다면, 몇 년간 함께 일했으니 자신과 충분히 가깝고 자신을 잘 이해하리라고 생각한다는 뜻이고, 자신이 원하는 것을 제대로 파악해 알아서 행동하기를 바란 것이다. 이는 오랫동안 함께 지내다 보니 타인에게도 생각과 감정이 있다는 사실을 잊어버리고, 당연히 상대가 알아서 나를 이해하고 내 의지나 생각에 동조해 주기를 바라는 극단적인 자기중심적 사고가 작동했기 때문이다.

상대에 대한 기대감이 클수록 자기중심적인 사고방식은 강화되어 나를 이해해 주기를 바라는 마음이 더 커지는 것이 역설적 심리다. 그래서 더 애매하게, 넌지시 돌려 말하면서 진심이 전해지기를 기대한다. 그런 만큼 실망도 크다. 특히 공감 능력이 다소 떨어지는 사람에게는 더욱 그렇다.


## 공감의 본질

우리나라 국가대표 축구팀이 일본에 져서 함께 경기를 본 사람들 모두 안타까워했다. 그런데 나는 너무 억울하고 답답해서 잠을 이룰 수가 없고 국가대표 감독을 바꿔야 한다고 열을 내서 패인을 분석하는 데 비해, 어떤 사람은 져서 안됐지만 축구에는 별 관심이 없다고 말했다. "어떻게 국민의 한 사람으로서 그럴 수 있나?"라고 말해 봤지만, "그까짓 축구에 왜 이리 목숨을 거는지 모르겠다"라는 대답만 돌아왔다.

이처럼 내 마음이 있듯이 상대의 마음도 존재하고, 다른 사람의 마음이 자신의 마음과 같을 수도, 다른 상태로 작동할 수 있다는 것도 알아야 한다. 그것이 공감 능력이다. 무조건 상대의 감정을 이해하고 느끼기보다는, 상대방에게도 독립적인 감정이 존재함을 인정하는 것이다.

타인에게 그만의 입장과 감정이 있다는 사실을 인정하고 받아들이는 것은 일종의 정신 습관이다. 타고난 능력이지만 자라면서 훈련에 의해, 또 경험에 의해 발달하기도 하고 억제되기도 한다. 그런데 문제는 개인차가 꽤 크다는 것이다. 그래서 갈등과 오해가 발생한다.

영국 케임브리지 대학의 자폐증 연구센터에 있는 사이먼 배런코언

(Simon Baron-Cohen) 박사는 다른 사람의 마음을 이해하는 능력인 공감을 소통의 중심축으로 보았다.

다음은 다른 사람과 공감하며 감정을 공유하는 능력을 측정하는 공감 지수 평가 문항이다. 문항을 읽고 자신의 행동이나 취향을 잘 나타내는 것을 골라 표시해 보자. 공감 지수(empathy quotient, EQ)의 평가 결과에 따라 스스로의 소통 능력을 측정해 볼 수 있다.

1. 내가 동의하지 않는다고 해도 다른 사람의 관점을 존중하는 편이다. ___
2. 나는 쉽게 이해하는데 다른 사람들은 알아차리지 못하는 것을 설명하는 것이 어렵다. ___
3. 누군가 진심을 숨기고 있다면 쉽게 알아차리고 말할 수 있다. ___
4. 다른 사람을 돌보는 것을 진심으로 즐긴다. ___
5. 새로운 사람이 모임에 나왔을 때, 그가 대화에 끼지 못하는 것은 그의 노력이 부족하기 때문이라고 여긴다. ___
6. 난처한 사회적 상황에서 무엇을 해야 할지 모를 때가 많다. ___
7. 우정이나 인간관계는 너무 어렵다. 그래서 신경 끄고 살기로 했다. ___
8. 사람들은 종종 내가 둔감하다고 말한다. 하지만 나는 그 이유를 모르겠다. ___
9. 대화할 때 상대방의 생각보다 내 생각에 집중하는 편이다. ___
10. 친구들은 내가 잘 이해해 준다면서 자신의 문제를 이야기한다. ___
11. 뉴스 프로그램에서 불쌍한 사람들을 보면 감정이 북받친다. ___
12. 다른 사람이 어떤 감정인지 쉽게 알아차리는 편이다. ___

13. 나는 어떤 일이 사람들을 왜 그렇게 화나게 만드는지 이해하기 힘
　　들다.　　　　　　　　　　　　　　　　　　　　　　——

14. 사람들과 어울려 이야기하다가 한 사람이 불편해하면 바로 알아차
　　릴 수 있다.　　　　　　　　　　　　　　　　　　——

15. 누가 자신의 새 헤어스타일이 멋지냐고 물었을 때, 그 헤어스타일이
　　내 마음에 안 든다면 솔직하게 아니라고 말한다.　　——

16. 우는 사람을 본다고 해서 나도 따라 기분이 묘해지지는 않는다.　——

17. 그 사람이 지적해 주지 않아도, 내가 너무 그 사람 문제에 끼어드는
　　발언을 했다는 것을 쉽게 알아차릴 수 있다.　　　　——

18. 상대방이 앞으로 어떤 행동을 할지 잘 예측하는 편이다.　——

19. 다른 사람의 감정에 영향을 받지 않은 채 어떤 문제에 대해 결정을
　　내릴 수 있다.　　　　　　　　　　　　　　　　　——

20. 사람들과 말할 때 내 경험보다는 그들의 경험에 대해 더 많이 이야기
　　하려 한다.　　　　　　　　　　　　　　　　　　　——

〈공감 능력이 뛰어난 사람과 관련된 문항〉 1, 3, 4, 10, 11, 12, 14, 17, 18, 20
〈공감 능력이 떨어지는 사람과 관련된 문항〉 2, 5, 6, 7, 8, 9, 13, 15, 16, 19
　　　　　　　　　　—사이먼 배런코언이 개발한 공감 지수 평가 문항 60 중 발췌

　　이는 자폐증 환자들의 특징적인 증상을 기초로 정상인에게서도 흔
히 볼 수 있는 소통의 문제들을 일반화한 문항이다. 이 문항을 기초로
공감 능력의 차이를 정규분포곡선으로 그릴 수 있다.

이를 증명하기 위해 그는 공감 지수를 개발하여 지능은 정상 범위에 속하지만 사회성이 매우 떨어지는 자폐증의 일종인 아스퍼거증후군 환자에게 적용해 보았다. 그 결과 자폐증 환자들의 81퍼센트가 80점 총점의 검사에서 30점 이하를 기록했고, 정상인은 12퍼센트가 30점 이하를 기록했다. 그리고 120명의 일반인 남녀를 대상으로 검사해 보니 여성이 남성보다 평균이 높았다.

여기에서 주목할 것은 81퍼센트의 자폐증 환자가 아니라 12퍼센트의 정상인이다. 즉, 12퍼센트 정도의 정상인들도 자폐증으로 진단될 만큼 공감 능력이 결여된 것이다. 실제로 이들은 다른 사람들과 대화하는 데 많은 어려움을 겪고 있을 가능성이 높다. 또한 일반인들 중에서도 자폐증이라 할 만한 수준의 소통 능력을 지닌 사람이 10명 중 1명 이상이라는 사실은 우리가 사람들과 대화할 때 소통하지 못할 위험이 높다는 것, 공감 감각이 무딘 사람들 때문에 상처를 입고 괴로워하는 희생자가 생겨날 가능성이 높다는 것을 시사한다. 그러므로 정상적인 인간관계에서도 타인의 마음을 전혀 이해하지 못한다고 여길 만한 사람을 만나게 된다. 그렇다고 그들이 병이 있는 것은 아니다.

그와는 반대로 공감 능력이 상대적으로 강한 사람들도 있다. 우울증을 경험한 사람들이다. 우울증 환자들은 우울증을 겪는 동안 타인과 정서적 동일시를 강하게 느낀다. 이런 강렬한 경험은 우울기가 끝나도 남아서 정신적인 자산이 된다. 우울증을 경험하는 동안 타고난 공감 능력을 강화해서 상호 의존의 그물망을 직접적인 현실로 만드는 것이다. 이런 경험은 공감 경험을 원숙하게 한다. 우울증 환자는 우울증이 심해졌을 때보다 약간 회복되었을 때나 발병 직전에 더 현실적이다. 그래서 가벼운 우울증이 남아 있는 경우 삶에 대한 통찰력이나 공감 능력은 더욱 강해질 수 있다.

대표적인 예가 간디나 마틴 루터 킹이다. 두 사람 모두 우울증에서 비롯된 행동주의와 공감에 바탕을 둔 새로운 정치운동을 펼친 사람들이다. 이들은 청소년기에 자살을 시도했고, 중년기에 적어도 한 번은 우울증이 왔으며, 말년에도 심한 우울증을 겪었다. 공감 능력이 있었기에 간디는 비폭력 저항 투쟁을 하면서 인도의 독립을 이끌었고, 마틴 루터 킹은 흑인 인권운동을 할 수 있었다. 우울증 환자가 모두 훌륭한 사람이 되는 것은 아니지만, 공감 능력은 그만큼 중요한 자산이 된다. 우울증과 같은 아픈 경험도 경우에 따라서는 공감 능력을 획기적으로 발전시키는 계기가 되는 셈이다.

사실 공감 능력이 없는 사람들은 대화하고 관계를 맺는 데 어려움이 있다는 사실에 대해 그리 괴로워하지 않는다. 다른 사람의 아픔이 느껴지지 않기 때문에 상대가 자신 때문에 마음고생을 한다고 해도 답답하지 않다. 도리어 왜 아파하는지 이해하지 못하고, 상대방의 불편함이 자신과 연관이 있으리라고는 상상하지 못한다. 그렇기 때문에 공감 능력이 떨어지는 사람에게는 먼저 공감 능력이 갖는 힘을 이해시킬 필요가 있다.

정신분석학자 피터 포나기(Peter Fonagy)는 공감 능력이 발달하면 타인의 감정을 이해할 수 있을 뿐 아니라 감정을 조절할 수 있고, 충동을 적절히 조절하는 자기 모니터링 능력이 발전할 수 있다고 말했다.

공감한다는 것은 상대방의 마음 안에 들어가서 영원히 갇히는 것이 아니다. 그런데 이를 두려워해서 상대의 아픔이나 기쁨을 받아들이기를 두려워하는 사람이 있다. 공감은 정서적으로 인식하는 것(emotional knowing)이기는 하지만, 일시적인 것이다. 내 자아와 유사한 감정을 느끼면 동질감을 느끼고, 다르면 어긋난 감정을 느낄 수도 있다. 이때의 이질감을 불쾌하게 여기거나 튕겨내려 하지 말고 잠시 담아두면 감정을 객관적으로 볼 수 있다. 비록 나의 자아와는 일치되지 않지만, 그런 감정도 존재할 수 있다는 것을 인정하면서 내가 가진 감정 사전의 목록을 늘려나가는 것이다.

내가 좋아하는 상대라 하더라도 내 감정의 시스템과 완전히 같을 수는 없다는 사실을 인정하고 감정의 독립성을 받아들이는 것은 공감 능력을 발달시키는 동시에 자아의 보호를 위해 꼭 필요하다.

그렇다면 평소 공감 능력이 부족하다고 여기는 사람이라면 어떤 노력이 필요할까? 먼저 경청해야 한다. 내용이 무엇이든 먼저 단정 짓고 분석하고 결론을 내리려 하지 말고, 열심히 듣기만 한다. 평소대로라면 빨리 분석하고 결론을 내려서 가장 합리적인 답안을 내고 싶어 근질근질할 것이다. 그러나 이 욕망을 참고 내용보다는 다른 부분을 관찰하려고 노력한다. 말의 내용보다는 목소리의 질감, 어조, 속도, 톤에 관심을 기울이는 것이다. 살짝 말꼬리가 올라가는지, 어조에서 강조하는 부분이 있는지, 속도가 갑자기 느려지거나 숨을 고르면서 머뭇거리는 면이 있는지, 톤이 떨리거나 자신감이 있는지 등 차이가 느껴지기 시작할 것이다. 진짜 의미를 담은 감정은 그 안에 숨어 있다. 소통 전체에서 80퍼센트나 차지하고 있다는 비언어적 내용도 사실 공감 능력에 의해서만 파악할 수 있다. 따라서 공감 능력이 부족한 사람은 20퍼센트 남짓만 겨우 알아듣고 있는 셈이다. 공감 능력은 그만큼 개발할 여지가 충분하고, 이를 통해 새로운 세상을 만날 수 있다.

공감 능력은 타고난 개인차가 있기는 하지만, 충분히 노력 여하에 따라 성장할 수 있다. 그러기 위해 필요한 첫 단계는 필요성과 절박함을 깨닫는 것이다. 한 친구가 식당에 들어가서 밥을 먹으려는데, 혼자 먹는 것이 익숙하지 않은 데다 바쁘고 분주한 식당에서 종업원과 눈을 마주치기가 힘들었다고 한다. 큰 소리로 "여기요!"라고 불러야 하는데, 막상 손을 들고 소리를 내려니 입이 떨어지지 않았다. 겨우 목소리는 내어 말했지만 TV 소리와 다른 테이블의 소음으로 전달되지 않아서 눈이 마주칠 때까지 몇 분 동안 우두커니 앉아 있었다며 속상해했다. 그 말을 들은 내가 "배가 덜 고팠네"라고 말하자, 친구는 그 말이 정답이라며 맞장구를 쳤다.

그렇다. 배가 많이 고프면 체면 차리지 않고 큰 목소리도 내고, 카운터에 앉아 있는 주인에게 직접 가서 주문하게 된다. 공감 능력도 마찬가지다. 필요성을 강하게 느낄 만한 인간관계의 좌절이나 갈등이 방아쇠가 된다. 문제는 많은 사람들이 공감의 필요성을 머리로는 이해하지만 가슴으로는 깨닫지 못한다는 것이다. 그만큼 절실해야 한다. 손을 들고 "여기 순두부 백반 하나요!"라고 큰 목소리로 말하는 용기에서부터 변화는 시작된다.

# 3장

# 세계는 모두
# 연결되어 있다

---

당신의 말이 내 귀에 들어오지 않는다면
변화는 쉽게 찾아오지 않는다
닫힌 세계의 결말 | 체면과 이심전심의 세계
우리는 서로 연결될 수 있다

---

## 당신은 직관적입니까?

❝ 인간의 뇌는 최대한 빨리, 효율적으로 결정을 내리고 싶어 한다. 그것이 올바르고 안전하게 작동할 때에는 직관적인 사람이 되고, 제대로 작동하지 않아 잘못 판단하게 될 때 선입견이나 편견이 있는 사람이 된다. 처음 사람을 만나 혈액형을 묻고 그걸 토대로 성격을 유추하거나 가족, 형제, 성장 배경, 출신학교 등에 관심을 갖고 먼저 물어보는 것도 고정관념을 만들기 쉽다. 평소 자신을 직관적이라고 여기던 사람이라면 섣부르게 판단을 내렸을 가능성에 대해서 한 번 더 생각하고, 잠시 마지막 결정을 멈추고 다른 관점에서 현 상황을 객관적으로 보려는 시도를 해본다. 특히 일에 몰리거나, 피곤하거나, 스트레스를 많이 받고 있을 때, 뇌는 다른 가능성이나 변수를 고려하기보다 가장 익숙한 방식으로 빨리 판단하려는 경향을 갖는다. 이럴 때 특히 선입견 때문에 실수하기 쉽다는 것을 잊어서는 안 된다. ❞

# 당신의 말이
# 내 귀에 들어오지
# 않는다면

## 탯줄로 연결된 완벽한 소통의 기억

말이 안 통해 답답하다거나, 다른 사람을 설득할 방법을 찾고 있다거나, 상대방이 무슨 생각을 하는지 도통 알 수가 없어 괴롭다거나, 실수할까 봐 남들 앞에서 해야 할 말을 못하고 돌아섰다거나 해서 혼자 속상해하는 사람들이 주변에 꽤 많을 것이다.

이 모든 것이 소통의 문제다. 그래서 소통의 달인이 되면 인생사의 괴로움이 상당수 없어지리라고 생각해서, 화술 관련 책이나 설득을 잘하는 방법에 대한 책을 사서 읽거나 강의를 듣고, 몇 가지 기술을 배워서 실천해 본다. 왠지 자신감이 생기는 듯하지만 오래가지는 않는다. 여전히 가슴이 답답하고 자신이 없기는 마찬가지다.

왜 그런 것일까? 소통을 왜 하는지도 모른 채, 잘하고 싶다는 욕망만 앞서기 때문이다. 공부를 왜 하는지 모르는 사람은 공부를 잘하기 어려운 것과 같은 이치다. 내게 어떤 도움을 주는지, 왜 필요한지 모르는 일을 하다 보면 금방 지치고 방향을 잃게 마련이다.

이런 경우, 문제의식이 잘못된 것이다. 소통의 문제에 어려움을 느끼고 지금까지 노력했지만 속 시원한 해결책을 얻지 못한 사람이라면, 지금이라도 문제의식을 바꿔야 한다. 소통을 잘하는 방법을 고민하기에 앞서 왜 소통하는지에 대해 고민해 봐야 한다.

소통이란 관계를 이어가기 위한 방법의 하나다. 인간은 태어나서 숨을 쉬는 순간부터 마지막 숨을 내쉴 때까지 끊임없이 타인과 관계를 맺는다. 심한 자폐증 환자들도 살아가기 위해 그들이 필요로 하는 사람이 있고, 필요하다면 의사 표현을 해야 한다. 그만큼 소통은 타고난 본능의 영역에 속한다.

삶에 연결되어 씨줄과 날줄로 복잡하게 엮인 대인관계의 네트워크가 나를 옭아매는 족쇄처럼 느껴질 때에는 친구, 형제, 가족, 배우자, 직장 동료 등, 모든 관계에서 벗어나 혼자 살고 싶다. 지칠 때마다 어디론가 떠나버리고 싶은 욕망이 간절해지는 것도 같은 이유다.

하지만 혼자 사는 것은 현실적으로 불가능하다. 그래서 어쩔 수 없이 사람들과의 관계로 섞여 들어가지만 그럴 때마다 미진하고 만족스럽지 못하다는 감정을 느낀다. 관계를 맺기가 그만큼 어렵고, 그나마 맺고 있는 관계도 자신이 그리는 이상향은 아니기 때문이다. 인간에게는 다른 사람, 심지어는 동물이나 식물과도 교감하고 소통하고 싶어

하는 근본적인 욕구가 있다. 이는 세상에 처음 생명을 얻고 태어나는 순간부터 느끼는 것이다.

인간은 엄마의 배 속에서 몇 개의 세포 덩어리에 불과한 상태로 존재할 때부터 다른 대상과 교감을 시작한다. 기억하지 못하지만 머릿속에 입력된 원초적 관계가 바로 엄마와 배 속의 아기 사이의 교감이다. 이것이 이상적 관계의 원형이다. 인간은 엄마 배 속에서 탯줄을 통해 한 몸으로 연결된다. 필요로 하는 모든 것은 필요하다고 느끼기도 전에 제공된다. 춥지도 덥지도 않은, 그리고 세상에서 가장 안전한 공간에서 이루어지는 아이와 어머니 사이의 주고받음은 아이의 세포 하나하나에 각인된다. 그리고 무려 열 달 동안이나 지속되며 뇌와 몸에는 이때의 일체감의 기억이 분명히 입력된다. 그래서 태어난 이후, 타인과 관계를 맺고 소통할 때마다 이 시기가 가장 이상적인 기준이 되지만 이 기억은 무의식 속에만 남아 있다.

행복했던 열 달 이후 아이는 세상으로 던져지고, 곧바로 세상이 가혹한 곳이라는 사실을 깨닫는다. 태어나자마자 어른들은 아이를 뒤집어 들고 탯줄을 자른 후 숨을 쉬게끔 강요한다. 아기가 울면 건강하다며 기뻐하지만, 아기의 관점에서 생각해 보면 황당한 일이 아닐 수 없다. 평온한 세상에서 머물다가 갑자기 튀어나온 세상에서는 공기로 숨쉬어야 하고, 울기까지 해야 한다. 배고픔, 슬픔, 아픔, 춥고 더움을 경험하고, 내 고통을 줄이기 위해서는 누군가에게 표현해야 한다.

이렇게 아기는 관계를 맺고 소통하는 법을 배운다. 방긋 웃어야 사람들이 좋아하고 원하는 것을 얻을 수 있다는 것도 깨닫는다. 서서히 세상을 익히고 말을 배우면서 관계를 맺는다.

그런데 성인이 되어서 매번 사람을 만날 때마다 뭔가 미진하게 느껴진다. 잠깐은 좋기도 하지만 오래가지 못한다. 일체감을 경험할 때도 있지만 곧 헛헛함을 느끼거나 지속되는 시간이 너무 짧다. 마음속 깊은 곳에 어머니와의 공생 관계에 대한 원초적 기억과 욕망이 여전히 꿈틀거리고 있기 때문이다. 특히 자기중심적으로 세상을 바라보고 모든 것을 손 안에 넣을 수 있을 것 같던 어린 시절의 전능감을 여전히 간직하고 있는 경우, 현실 속에서 타협점을 찾지 못하고 완벽한 소통을 바라며 목말라한다.

머릿속이 간질간질한 느낌이 들 만큼, 어딘가 있을 것 같고 뭔가 빠진 것 같은 관계의 이상향은 엄마의 자궁으로 다시 들어가지 않는 한 실현될 수 없다는 사실을 인정해야 한다. 그러므로 미흡하지만 차선책을 찾아야 한다. 안타깝지만, 사람이라면 살아 있는 동안 감수할 수밖에 없는 일이다. 문제 하나는 이렇게 풀린다. 최선이자 이상적인 소통과 관계를 경험해 봤지만, 그것은 엄마 배 속에서 일어난 일이다. 그러니 그다음으로 괜찮은 관계를 추구하는 것만으로도 충분하다.


## 변화를 원하는 사람은 누구인가

사람들은 남을 변화시키고 싶어 한다. 상대방이 바뀌기를 바라고, 내가 원하는 대로 하기 위해 상대방의 마음을 읽고 설득하고 싶어 한다. 그렇지만 정작 자기 자신을 변화시키기도 쉽지 않다. 자기 자신도 제대로 바꾸기 어려운데 어떻게 남을 이해하고 변화시킬 수 있겠는가.

그러므로 두 번째로 인정해야 할 것은 사람은 참으로 바뀌기 어렵다는 사실이다. 그렇다면 급한 사람이 먼저 바뀌어야 한다. 목마른 사람이 우물을 찾아 나서듯이, 변화를 원하는 사람이 먼저 변해야 하는 것이다.

미국의 항공모함 한 대가 캐나다와 인접한 해역을 지나가면서 벌어졌던 일이라고 한다. 미군 측에서 "충돌을 피하기 위해서 북쪽 15도로 우회하라"라고 요청했더니, "충돌을 피하기 위해 남쪽 15도로 우회하라"라는 캐나다 측의 답이 돌아왔다. "나는 미 해군의 함장이다. 항로를 변경하라"라고 미군이 강경하게 요구했으나, 상대편은 "안 된다. 제발 부탁한다. 귀 함대가 항로를 변경하라"라고 응답했다. 미군이 "우리는 해군 함대 중 두 번째로 규모가 큰 항공모함 링컨호다. 구축함 세척, 순양함 세 척, 그리고 호위함도 여러 척이다. 당장 항로를 변경하지 않으면, 큰 피해를 입을 것이다. 이번이 마지막이다"라고 경고했다. 잠깐 침묵하던 캐나다 측이 대답했다. "……여기는 등대다."

자기중심적 사고로 '나는 이렇게 센 항공모함에 여러 함대를 거느리고 있는데 너희들이 바뀌어야지'라며 움직일 수 없는 등대를 향해 항로를 바꾸라고 외쳤지만, 불가능한 일이었다.

소통에 갈급하다면, 관계에 어려움이 있다면, 그 목적은 남을 바꾸는 것, 환경을 나에게 편한 방향으로 바꾸는 것이 아니라 내가 변화하는 것이 되어야 한다. 그러므로 남을 바꾸기 위한 관계가 아닌 내 변화를 위한 관계가 우선이다. 내가 먼저 변하면 상대도 따라 변할 수밖에 없기 때문이다.

이제 어떤 식으로 변해야 하는지에 대해 생각해 보자. 당연한 말이지만 더 나은 사람, 더 나은 삶을 위한 변화를 지향해야 한다. 그것을 위해 관계가, 또 소통이 기능하는 것이다. 이는 중요한 생각의 전환이다.

소통을 잘하는 기술은 중요하지 않다. 소통이란 관계를 해나가기 위한 방법이고, 관계는 나를 변화시키기 위해 존재하는 것이다. 그렇다면 더 우울해지고 자존감 낮은 나를 확인하는 식의 변화여서는 안 된다. 내가 더 나은 사람이라 느낄 수 있고, 내 숨통이 트이고, 괜찮은 삶을 살아가고 있다는 것을 확인할 수 있는 변화여야 한다는 말이다. 소통은 남을 바라보고 하는 것이 아니라, 바로 '나를 위한 이기적인 변화'에 필요한 구체적 방법이다.

# 변화는 쉽게
# 찾아오지 않는다

## 상대를 바꾸고 싶다는 욕망

왜 사람을 만나고, 소통을 고민할까? 아직까지 이 문제를 진지하게 고민해 보지 않은 사람이라면, 분명 한 번은 근본적인 접근이 필요하다. 소통에 대해 고민하는 사람들이 나를 찾아오면 "뭘 원하시는데요?" 하고 묻곤 한다. 그러면 "제가 소통을 잘하게 되면 좋겠어요. 마음을 잘 전달할 수 있을 테니까요"라고 대답하고 나서는 잠시 머뭇거리다가 "하지만 선생님이 상대방을 바꿔주면 더 좋겠어요. 어떻게 해도 말이 통하지 않아서 힘들어요. 상대방이 바뀌었으면 해요"라며 처음에는 말하지 못한 답답함을 호소한다.

그렇다. 소통이 잘 안 되면 답답하다. 상대가 바뀌어야 속이 시원할 것만 같다. 하지만 쉬운 일이 아니다. 소통은 관계의 도구일 뿐이다. 만일 뭔가 제대로 통하지 않는 것 같다면 소통이라는 매개체의 문제를 점검해 보고, 그다음에는 나 혹은 상대방에게 문제가 있는 것은 아닌지 꼭 확인해야 한다. 소통은 상대를 변화시키고 싶고, 내 식대로 세상을 변화시키고 싶다는 본능적 욕구로부터 시작한다. 그래서 상대를 설득하는 방법에 대해서는 관심이 많지만, 소통을 통해서나 관계를 통해 내가 변화하는 것에 대해서는 별다른 관심을 갖지 않는다. 그렇지만 정작 중요한 것은 관계를 통해 '내가 변화하는 것'이다. 소통을 매개로 사람과 사람 사이의 끈이 맺어져서 서로에게 영향을 주는 것의 궁극적 도달점은 '나의 변화'여야 한다.

그런데 사람들은 '상대방을 바꾸고 싶다'는 욕망 때문에 문제에 잘못 접근하곤 한다. 20년 가까이 정신과 의사로 일하면서 사람을 변화시키는 것은 참으로 어려운 일이라는 사실을 통감한다. 그것도 내가 아닌 남을 변화시키는 것은 더욱 어렵다. 그런데 대부분의 사람들은 마법의 몇 마디나 한두 번의 큰 깨달음으로 다음 날 다른 사람으로 새로 태어나는 혁명적인 변화가 일어나기를 바란다. 그러나 이는 그저 환상이자 욕망의 투사일 뿐이다.


## 서두르면 실패하는 이유

남이 바뀌기만 기다리는 것은 마치 감나무 아래 누워서 감이 떨어지기를 기다리는 것과 같다. 기다리느니 차라리 나무 타기 연습을 하는 편이 빠르지 않을까? 아니면 장대를 찾아 돌아다니는 것처럼 다른 방법을 찾을 수도 있다.

소통도 마찬가지다. 현실적으로 가능하고 추구할 만하고 또 해야 할 일은, 내가 변하는 것이다. 나무를 오르는 방법을 익히고 감을 딸 수 있는 장대를 찾는 것이, 열매가 저절로 떨어져서 입으로 들어오기를 기다리는 것보다 현실적이다. 소통의 목표는 내가 먼저 변하고, 힘든 환경에서도 내가 견뎌나갈 맷집을 만들어 버티는 마음의 힘을 기르는 것이다.

사람들은 정성을 들여 이야기하고 감정을 제대로 전달했는데 마음이 통하지 않았다며 답답해한다. "무슨 말을 해도 대체 들어먹질 않아요"라든가, "몇 번을 얘기해야 하는지 모르겠어요"라고 말한다. 이런 경우 나는 단도직입적으로 몇 번이나 이야기해 봤는지 질문한다. 그러면 돌아오는 대답은, "세 번이요"가 대다수다.

그렇다면 정말 세 번 만에 변하는 사람이 많을까? 절대 그렇지 않다. 세 번에 안 될 경우 열 번을 이야기할 것을 권하곤 하는데, 열 번 이야기하겠다고 마음먹고 있다가 다섯 번 만에 상대방이 바뀌면 기쁘기 그지없기 때문이다. 이것이 변화다.

매번 '세 번이나'라고 생각하면서 속상해할 필요는 없다. 열 번은 같은 이야기를 해야 상대방이 변할 것이라 기대하고 계속 이야기를 하다가 다섯 번 만에 작은 변화를 보일 경우 기쁘고 고마운 마음까지 든다. 이것이 성취다. 상대방의 변화보다 내 기준점의 변화가 더 효과가 있고 중요하다.

## 변화를 위한 ABC 단계

나의 변화는 어렵지만 불가능한 일은 아니다. 누구나 변화를 외치지만 실제로 변화하는 사람은 많지 않다. 말은 쉽지만 막상 바꿔 보려고 하면 쉽지 않기 때문이다. 그래서 조금 해보다가 그만두고 수많은 이유를 대며 변명한다. 심지어 "변화하면 도리어 나빠진다"는 말까지 하는 사람도 있다. "운동해야지"라고 말은 하지만 정작 피트니스 센터에 가서 회원권을 등록하기는커녕, 운동화를 사는 데에만 석 달이 걸리는 것과 같다.

"달라져야지", "변화할 거야" 하던 사람들이 어느덧 "내가 지금 그대로 있어야 하는 이유는 말이야……"라고 하는 이유는 변화가 주는 두려움 때문이다. 이성적으로는 지금의 상황이 옳지 않고, 현재의 관계가 고착되는 것이 올바르지 않다는 사실을 잘 알고 있다. 그렇지만 문제를 지적하고, 복잡하게 얽혀 있는 갈등과 문제점의 뚜껑을 열어 하나하나 꺼내놓고 봐야 하는 것도 싫고, 마음에는 들지 않지만 어느새 익숙해져 있는 지금의 상황을 변화시키는 과정 자체가 주는 괴로움을 겪고 싶지 않다는 심리도 크게 작용한다. 그래서 흔히 "나 이렇게 살다 죽을래, 내버려둬"라고 말한다.

변화를 원하면서도 변하지 못하는 첫 번째 이유는 변화 과정에 수반되는, 이미 익숙해져 버린 관행에서 벗어나 새로운 생각의 길을 만드는 과정에서 겪는 불가피한 괴로움으로 인해 발생하는 양가감정 때문이다.

우리 뇌의 신경망에는 과거에 형성해 놓은 비합리적인 길이 굵고 깊게 나 있다. 뇌가 신경망을 만들어가는 과정은 서서히 강바닥이 깊어지는 것과 비슷하다. 최초의 물길은 완전히 무작위적이고 여러 갈래다. 일단 작은 지류가 만들어지면, 물은 저항이 가장 적은 새로운 물길로 더 많이 흘러든다. 지류가 깊어지면서 강이 형성되면 웬만한 물길은 모두 그 강으로 모인다. 저항은 줄어들고, 강의 방향을 바꾸기란 점점 더 어려운 일이 된다. 뇌의 관점에서는 에너지가 덜 드는 방식이기도 하다.

두 번째 어려움은 불가능한 것과 어려운 것을 한 범주로 묶어서 본다는 사실이다. 사람은 두려움을 느끼면 뇌가 마비되어 행동을 못하게 된다. 고려해야 하는 요인의 수가 너무 많아지면 압도되어 작은 변화로도 심리적 부담을 줄일 수 있다는 생각을 하지 못하고 그 자리에 머물러버린다. 두려움으로 인해 감정을 관장하는 편도체가 과잉 활성화되고, 그로 인해 이성적 판단을 하는 전두엽이나 기억을 관장하는 해마와 같은 관련 부위가 제대로 작동하지 못하게 되어 행동을 막는 것이다.

과잉 활성화된 편도체에 압도당하지 않고 새로운 것을 학습해서 내 것으로 만들기 위해서는 반복이 무엇보다 중요하다. 그래야 뇌가 새로운 패턴을 과거의 패턴 위에 덮어씌울 수 있고, 신경망의 흐름도 달라진다. 실제로 최근 연구들에 의하면, 정신치료를 하고 난 후에 기능성 MRI로 뇌를 평가해 보면 뇌의 활성도가 달라져 있다고 한다. 뇌의 가소성 때문이다. 성인의 뇌는 변화하지 않고 나이가 들거나 외상에 의해 손상되면 회복되지 않는다고 알려져 있었으나, 최근에 뇌를 어떻게 훈련하고 쓰는가에 따라 뇌세포의 활성화가 달라진다는 사실이 밝혀졌다. 뇌는 충분히 변화할 수 있다. 다만, 그 과정에 수반되는 여러 가지 불편함이 싫어서 주저하고 있을 뿐이다.

모든 것을 통째로 바꾸기는 어려운 일이므로 하나씩 바꾸어나가야 한다. 우선 변화의 불가피성과 긴박함에 쫓겨 긴장하기보다, '변화하고 나면 좋을 점이 무엇인지' 생각해 보자. 인기가 많아질 수 있고, 친구들에게 편한 사람이 될 수 있으며, 이성과의 관계가 전보다 성공적일 수 있다.

그리고 불가능하다고 생각하지 말고 어려울 뿐이라고 생각을 바꾼다. 불가능한 것들이라 여겨지던 것들을 잘게 쪼개서 작은 조각부터 하나씩 바꿔나갈 계획을 세우는 것이다.

이렇게 작게 쪼갠 새로운 정보들을 반복하여 익힌다. 큰 노력을 들이지 않아도 된다. 일단 두렵고 어렵고 불가능한 것이 아니라고 여길 만큼 작은 변화로도 충분하다. 그래야 과잉 활성화된 편도체가 '공포 반응'을 일으켜서 모든 것을 원점으로 되돌리지 않을 것이다.

어렵고 힘들어서 지치는 느낌이 들면 이 감정에 이름을 붙이고 객관화해 보자. '아, 어렵다. 이건 내가 못할 것 같구나'라는 생각이 들면 '아, 내가 어려워하는구나. 못할 것 같다고 무서워하고 있구나'라고 감정에 이름을 붙이고 객관화하며 거리를 두고 지켜보도록 한다. 그래야 편도체가 작동하지 않고 이성적인 전두엽이 앞장서서 상황을 판단한다.

아무리 이성적으로 판단해도 편도체가 사라지는 것은 아니다. 다만 그 영향력이 줄어들 뿐이다. 이 과정을 반복하면 조금씩 두려움에 저항하고 버티는 습관을 갖게 된다. 결국 작지만 새로운 변화를 통해 내가 나아지고 달라진다는 것을 확인하게 된다. 이 세상에 단번에 바뀌는 것은 없다. 아주 작은 영역부터 천천히 시작해서 땅따먹기를 하듯이 새로운 패턴의 영역을 넓혀야 한다.

지금 변화를 목말라하는 사람이 상대방이 아닌 나라면 상대에게 진로를 바꾸라고 목 놓아 말하기에 앞서서 내가 방향을 바꾸려 노력해 보는 것이 좋지 않을까? 또 지금 내가 내 입장에서만 생각하고 있는 것은 아닌지, 근본적인 질문을 던져야 하지는 않은지 확인할 필요가 있다.

소통과 관계에서 우선순위는 상대의 변화가 아니라 나의 변화다. 내가 변화하면 상대도 자연스럽게 변화할 가능성이 생긴다. 문은 내가 두드리고 억지로 여는 것이 아니라 상대가 열도록 만들어야 한다. 그것이 소통을 통한 변화의 ABC다. 두려움으로 인해 불가능하다고 여기던 것들을 차근차근 해내다 보면 어느새 달라져 있는 나를 발견할 것이다. 내가 달라지면 상대가 누구건 상관없이 상대가 바뀌기를 하염없이 기다리지 않고도 더 나은 관계를 맺고 소통할 수 있다. 결국 중요한 것은 '내가 더 나은 사람이 되는 것'이다. 그러기 위해 우리는 오늘도 끊임없이 생각하고, 사람을 만나고, 감정과 생각을 주고받는 것이다.

# 닫힌 세계의
# 결말

## 진심이 통하는 길모퉁이의 걸림돌

한창 인기를 끌던 한 드라마 이야기다. 여주인공이 검사와 사귀는데, 남자친구의 어머니가 그녀를 불러냈다. 어머니는 여주인공이 입은 옷을 훑어보고 다 합쳐서 10만 원도 안 되어 보여 그녀가 귀한 아들을 덥석 채어가려는 가난한 집안의 예쁘기만 한 여자라고 판단했다. 어머니는 얼마나 좋은 혼처가 많이 들어오는지 아느냐며, 결혼은 꿈도 꾸지 말라고 일갈했다. 그러자 주인공은 집안 보고 결혼하는 게 아니라 사랑하니까 결혼하는 거라고 받아쳤다. 검사의 어머니는 가난하기만 한 줄 알았더니 되바라지기까지 하다며 호통을 치고 가버렸다. 나중에 알고 보니 그녀는 대단한 부잣집의 외동딸이었고, 재산만 보고 결혼하자고 할까 봐 걱정되어서 일부러 허름한 옷을 입고 남자친구의 어머니를 만나러 나간 것이었다.

한 사람은 선입견의 피해자가 될까 봐 선입견을 이용했고, 다른 한쪽은 선입견이 편견으로 작용했다. 한쪽은 부잣집 딸로 보이는 것이 싫었고, 다른 한쪽은 옷차림만 보고 가난하다고, 가난한 주제에 되바라졌다고 판단한 것이다. 두 사람은 모두 자신의 판단이 옳다고 굳게 믿은 나머지, 사랑을 간과했다. 한 여자는 사랑하는 남자를, 다른 한 여자는 사랑하는 아들을 잊어버림으로써 정작 중요한 것을 빠뜨린 것이다.

선입견이라는 기초 지식이 효율성을 주기는 하지만, 정보의 대조점을 극대화하다 보면 어느 순간 참값에서 완전히 벗어나버리는 오차가 생기고 만다. 선입견을 사용하면 대체로 판단을 내리기 쉽지만, 모든 사안을 언제나 자신의 관점에서만 보게 된다. 상황이란 가변적인 데다 상대방이 던지는 정보도 매번 달리 해석할 가능성이 있음에도, 선입견이라는 무의식적인 필터를 사용해서 정보들을 예외 없이 재단해 버리면 진짜 중요한 정보인 '진심'은 필터에 막혀 전달되지 못한다.

상대가 내게 보내는 신호를 있는 그대로 받아들이지 못하고 내 관점에서 판단하고 그에 맞춰 반응하기 때문에 상대방은 실망하게 된다. 그러다 보면 진심의 문은 더 이상 열리지 않는다.

직관이라고도 말할 수 있는 선입견은 태어날 때부터 인간의 마음에 달린 장치라서 완전히 떼어내고 살 수는 없다. 그러나 자동항법장치에만 의존할 것이라면 파일럿을 양성하기 위해 수억 원의 비용을 들일 필요가 없듯이, 선입견이라는 필터에만 의존해서는 안 되며 언제나 스스로 판단할 수 있는 여지를 열어두어야 한다.

사회가 복잡해지고 빨라질수록, 선입견이란 필터가 정교해지고 복잡해질수록, 인간관계와 소통에서 선입견의 부작용으로 피해를 보지 않기 위해 더 많은 노력을 기울여야 한다. 무엇보다 '네가 하는 말이 다 그렇지 뭐'라는 생각으로 사람을 대하고 있지는 않은지 생각해 보자.

물론 자신도 모르게 그런 마음을 가질 때가 있다. 특히 상대방에 대해 여러 번 실망했을 때, 첫 말머리가 평소와 비슷한 패턴으로 흘러가고 있을 때에는 조심하자. 나도 모르게 관성의 법칙에 따라 방어적인 자세를 취하면서 더 이상 에너지를 쏟지 않고 수동적인 자세를 취하게 될지도 모르기 때문이다.

이는 마치 천둥 번개를 동반한 먹구름이 다가오고 있는데도 자동항법장치만 켜놓은 무사태평한 파일럿과 같다. 말하는 사람도 자세의 변화에 둔감하지 않은 이상 듣는 이의 변화를 알아차리고 실망해서 '진심 어린 말'을 하지 못하게 된다. 그러면 당신은 역시 그럴 줄 알았다며 선입견을 더욱 강화시킬 것이고 안타까운 악순환이 반복된다. 그 악순환의 끝은 편견이다. 이렇듯 직관이 편견이 되는 것은 순간이다. 편견으로 굳어지는 데는 그리 오랜 시간이 걸리지는 않는다.

몇몇 영역이 편견으로 굳어지면 대인관계에서 전반적으로 융통성이 떨어지고, 선입견에 의해 사람을 잰 뒤 그에 맞춰 고민과 진심 없이 사람을 대하는 고리타분한 인간이 되고 만다. 이런 사람들은 대개 본인 스스로도 약간은 답답하다고 느끼겠지만, 소통이 되지 않는다는 점 때문에 고민하거나 힘들어하지 않는다. 신경과 에너지를 많이 쏟지 않아도 되니 오히려 편하고 효율적이라고 여기기 때문이다. 결국 이런 부류들과 대화하는 사람들만 힘들어지고 억울해한다.

하지만 선입견의 틀 안에 갇힌 사람들이라고 마냥 편할 수만은 없다. 융통성을 잃어버린 닫힌 체계(closed system)는 쉽게 깨질 수 있고, 그 여파는 생각보다 크다.


## 생각의 법칙: 단단하면 부러진다


제롬 브루너(Jerome Bruner)와 레오 포스트맨(Leo Postman) 박사는 1949년에 대학생을 대상으로 아주 짧은 시간 동안 빨간색 스페이드, 검은색 다이아몬드와 같은 변종 카드를 섞어서 보여주는 실험을 했다. 원래 카드의 스페이드 무늬는 검은색이고 다이아몬드는 빨간색이어서, 처음에 학생들은 아무 생각 없이 빨간 스페이드를 스페이드, 검은 다이아몬드를 다이아몬드라고 대답했다. 그런데 이것이 자꾸 반복되자 학생들은 조금씩 헷갈리며 혼란스러워했다. 다이아몬드는 빨간색, 스페이드는 검은색이란 고정관념이 흔들린 것이다. 그러자 학생들은 자신의 기존 지식 체계가 송두리째 흔들리는 혼란을 경험했고, 그다음부터는 아주 기본적이고 간단한 문제에도 제대로 대답하지 못하는 상태가 되어버렸다.

이렇듯 고정관념으로 굳어져버린 선입견이 무너지면서 가치체계 전체가 흔들리는 위험이 발생하기도 한다. 그래서 매 순간 변화하는 상황에 탄력적으로 대응할 수 있도록, 직관력을 높이기 위해 끊임없이 노력해야 한다. 그래야 예리하고 통찰력 있는 판단을 내릴 수 있다.

물론 마음속의 데이터베이스를 탄탄히 만드는 것도 중요하다. 그러나 사람들은 어느 정도 데이터베이스가 구축되고 나면 그 정보에만 지나치게 의존하려 드는 경향이 있다. 그런데 구축한 데이터베이스에만 지나치게 의존하다 보면 점차 데이터베이스의 업데이트가 늦어지고 급기야 업데이트가 중단되고 만다. 나중에는 10년 전의 낡은 데이터베이스에 기초해서 사람을 대하게 되어 고리타분한 꼴통, 완고한 영감 소리를 듣게 된다.

무슨 말을 해도 절대 움직이지 않는 소 힘줄 같은 사람이 되어버려서, 데이터베이스의 원본을 열어 로데이터(raw data)를 교정하는 방법조차 잊어버리고 만 사람은 불행하다. 하지만 아이러니하게도 그런 사람일수록 자기의 '감'에 대한 확신이 강하다는 사실이다. 그 사람이 의존하고 있는 경험의 데이터는 낡았지만, 그 사람에게는 그것밖에 남아 있지 않기 때문이다. 그래서 자신의 감을 믿는 만큼 직관이 틀릴 수도 있다는 것, 내가 타인의 선입견 때문에 아파하는 것만큼 내 선입견과 고정관념이 타인의 진심을 곡해할 수 있다는 사실을 잊지 말아야 한다.

선입견과 직관으로 판단하는 것은 편하다. 이것이 습관이 되면, 자신이 상황을 통제하고 있다는 환상을 갖게 된다. 뇌는 항상 저항이 가장 적은 길을 선택한다. 조건화된 뇌 회로들은 에너지 비용을 절약하기 위해 자기 강화적인 시스템을 유지하려고 노력하기 때문이다. 그러면 '정체'라는 대가를 치러야 한다. 나이가 들수록, 자신의 경험이 충분하다고 자신할수록, 위험도 그에 비례해서 커진다.

모네는 "꽃을 그릴 때마다 난생처음 보는 것처럼 그려야 한다"고 말했다. 수천 번은 그려봤을 꽃 한 송이를 그릴 때에도 관성적인 습관에서 벗어나기 위해 의도적으로 노력을 기울인 것이다.

만일 노력하지 않고 그대로 두면 뇌는 새로운 경험을 얻지 못하는 손해를 보더라도 에너지를 보존하여 보호하려고 한다. 이를 통해 특정한 위험으로부터는 안전해지지만, 학습과 도전을 통한 새로운 결과를 기피하게 되면서 새로운 일은 가능하지 않다고 단정짓게 된다. 도리어 외부의 환경이 잘못된 것이고, 사실관계가 잘못되었다는 식의 왜곡된 판단을 내리면서까지 기존 데이터베이스의 완결성을 지키는 모순적인 상황에 이르게 될 위험도 있다. 그러므로 바꿀 수 없을 것 같은 습관의 장벽을 극복해야 하고, 새로운 습관을 만드는 타이밍에는 과감하게 자신을 바꿀 의지를 다져야 할 필요가 있다.

잘나갈 때일수록 내일을 위해 투자를 아끼지 말아야 하는 것은 소통에서도 통하는 말이다. 또한 선입견이라는 데이터베이스를 구축하더라도 데이터베이스를 끊임없이 업데이트하는 것을 잊지 말아야 한다. 사람을 대할 때 선입견의 색안경을 완전히 벗기는 쉽지 않다. 도리어 사람마다 알맞은 최적의 필터와 렌즈를 껴서 그의 진심을 제대로 이해하는 데 이용해야 선입견의 함정에 빠지지 않는다.

# 체면과
# 이심전심의
# 세계

## 말하지 않아도 아는 것

사람들이 원하는 최적의 소통 상태는 무엇일까? 서로 마음이 맞아서 끊임없이 대화를 나눌 수 있는 것? 긴 대화를 통해 서로 모르던 부분을 알게 되어 가슴이 뻥 뚫리는 것 같은 시원한 느낌을 받는 것?

그러나 사람들이 바라는 최적의 상태는 오히려 아무 말도 하지 않고 서로 바라보기만 해도 뜻이 통하는 것이라고 한다. 내가 바라는 일이 무엇인지 구차하게 말로 설명하지 않아도 상대방이 바로 알아차리고 내가 바라는 대로 해주는 것이다. 마치 아기가 배고프다고 칭얼대고 보채기 전에 엄마가 젖을 물려주고 기저귀를 갈아주는, '텔레파시'가 통하는 것 같은 상태 말이다.

입이 부르트도록 몸짓, 발짓까지 해가며 소통을 시도하는 것은 이심전심의 경지에 다다르기 위한 준비일 뿐이다. 그 경지에 오르고 나면 어떤 오해도 살 일이 없고, 상대방에게 어려운 부탁을 하느라 마음 졸이며 불안해할 이유도, 상대방이 나를 거절할까 봐 걱정하거나, 그의 마음을 제대로 헤아리지 못해서 마음 상할 일이 벌어질까 봐 조마조마해할 필요도 없다.

친한 친구에게 전화를 걸었을 때 통화 중이었는데 나중에 알고 보니 친구도 내게 전화를 걸고 있었다거나, 아이가 TV를 봐도 되냐고 물어보았을 때 아빠와 엄마가 동시에 "숙제 다 하고 봐"라고 대답해서 서로 쳐다보며 웃음 짓게 되었거나 하면, 사람들은 일시적으로나마 이심전심의 만족감을 경험한다.

우리가 텔레파시 능력에 관심을 갖는 이유는 다른 사람이 내 마음을 읽어낼까 봐 두려운 동시에, 말 때문에 생기는 수많은 오해로부터 해방되고 싶은 간절한 욕구를 느끼고 있기 때문이다. 만일 한 가지 초능력이 주어진다면 어떤 능력을 원하느냐고 물어본다면 텔레파시라고 말하는 사람들이 많을 것이다. 말을 하지 않고도 내 생각을 남에게 전달할 수 있고, 또 타인의 생각을 쉽게 이해할 수 있기 때문이다.

그만큼 자신의 생각이 타인에게 오해 없이 잘 전달되기를 바라는 것이다. 그래서 나는 우리나라 사람들이 생각하는 궁극의 커뮤니케이션을 '이심전심'이라고 생각한다. 말 그대로 생각과 마음이 고스란히 전달되는 것이다. 그런데 같은 의미와 의도를 갖고도 전혀 다른 결과를 내는 경우가 바로 '동상이몽'이다. 서로 같은 생각을 할 것이라 기대하며 같은 곳에서 서로 다른 생각을 하고 있는 셈이다. 뭔가 오해가 있는 것 같으면 바로 자기 의견을 말하고 수정하면 될 테지만, 선뜻 그러지를 못한다. 말하지 않고도 내 마음이 전달되기 바라는 것이 우리나라 사람들이 생각하는 가장 중요한 커뮤니케이션이기 때문이다.

배가 고프다거나 놀러 가고 싶다고 직접 말로 하면 구차하게 느껴져서, 차라리 밥을 굶거나 참는 사람도 많다. 대신에 자신이 배가 고프거나 심심할 때, "밥 먹으러 갈래?"라고 말을 걸어주는 사람이 있기를 바란다. 물론 그런 일이 일어나면 상대에게 무척 고마운 마음이 들고, 상당한 친밀감을 느낀다. 실제로 두 사람의 사이가 어떻든 간에 말이다.

자신 또한 그런 친밀감을 바라기 때문에 상대방에게도 그런 것을 주고 싶어 한다. 그래서 우리는 내 것을 먼저 생각하기보다 먼저 상대의 눈치를 보고, 그가 뭘 원하는지 먼저 생각하는 데 더 익숙하다. 그런 것을 잘하는 사람일수록 상대가 고마워하고, 괜찮은 사람이라는 평판을 들을 수 있기 때문이다. 그래서 "눈치가 빠르면 절에서도 새우 젓을 얻어먹는다"는 속담이 있는 것이다.

내가 그만큼 열심히 하니, 나 또한 상대가 내 마음을 알아주기를 바라면서 무언의 신호를 계속 던진다. 그리고 그 신호에 반응하면 '코드'가 통했다고 여기고, 그와 친밀감을 느낀다. 반면 아무리 신호를 날려도 못 알아들어서 답답하고 급한 마음에 원하는 것을 직접적으로 말하게 되면, 거절을 당해도 힘들고 상대가 들어줘도 무안하고 민망하다. 그리고 서로가 아직 마음이 통하지는 않는다든가, 서로에 대해 더 많이 알아야겠다고 생각하기보다, 둘 사이가 거래가 오가는 관계라고 판단하기 쉽다.

그러니 거리감을 느끼고 오해가 생기기 쉽다. 내가 상대를 위해 알아서 해준 것은 많은 것 같은데, 막상 상대는 "별로 받은 것이 없다"는 식으로 나올 때도 있기 때문이다. 이렇듯 소통의 통장에 입금과 출금 내역이 서로 맞지 않는 일이 벌어진다. 정확히 말로 표현하지 않고 몸짓과 눈빛, 행동과 감정, 마음씀씀이로만 지출과 수입이 이루어졌기 때문이다. 사채 같은 세금을 매길 수 없는 지하경제가 일반적 경제활동보다 더 활발해져 버린 국가의 경제 상황과 비슷하다.

## 체면 세워주기

이런 문제가 있기 때문에 사람들은 오해를 피하고 싶어 한다. 그러면서 더욱더 이심전심을 바라고, 통하는 사람들하고만 지내고 싶어 한다. 그러나 서로 코드를 맞추려는 노력은 하지 않고 "내가 그 사람에게 얼마나 많은 공을 들였는데", "내가 그와 보낸 시간이 얼마나 많은데"라고 생각하며 서로 마음이 통하는 사이라고 혼자 단정 짓는다. 그리고 내가 원하는 만큼 보답하지 않으면 혼자서 섭섭해한다. 상대방에게 원하는 것을 이야기하는 것이 구차스럽다고 여기는 심리가 강할수록 이심전심에 대한 갈망은 더욱 커진다. 그만큼 사람들이 체면이라는 것을 중요시하기 때문이다.

미국을 중심으로 한 서구권의 화술 책들이 우리 사회에도 그대로 적용될 수 있는지 의심스러운 이유가 여기 있다. 이런 책들은 정확한 의미를 전달하지 않으면 손해를 본다고 강조하면서, 부끄러워하지 말고 또렷하게 정보를 전달하라고 충고한다. 하지만 이심전심을 믿는 한국인들에게 또렷하게 자기 의사를 밝히는 방식은 익숙하지도 않고, 그리 바람직해 보이지도 않는다.

한국 사회에서 정말 원하는 것을 밝힌다는 말은 지금 아주 절박하다며 자신의 나약함과 힘든 상황을 표현하는 행동으로 여겨진다. 그러한 책들의 조언에 따라 자신의 요구를 단도직입적으로 말하면 한국 사회에서는 이기적이고 야박한 인간이라고 손가락질 받을 것이다. 그래서 말하는 사람이나 듣는 사람의 체면을 손상하지 않는 방향으로 최대한 돌려 말하는 방법을 배우며 자란다. 설령 원하는 것을 단도직입적으로 이야기한 사람의 요구를 들어준다고 해도, 그 사람에 대한 인상은 무례하고 공격적이라고 각인된다.

체면은 말 그대로 몸과 얼굴이다. 내가 원하는 것을 말로 하기 전에 내 몸과 얼굴을 보고 알아서 해주면 '체면을 세워주는 것'이다. 잘못을 저질렀을 때 한 번만 봐달라고 말하는 것도 같은 맥락이다. 봐달라는 것은 얼굴을 보고 알아서 용서해 달라는 말이다. 따라서 봐달라는 애원이 허용되지 않았을 때 수치심을 넘어서 "네가 뭔데 나한테 이럴 수 있어?"라는 식의 분노로 바뀌는 경우가 많다. 그만큼 한국인들은 체면을 중시하며, 사회적 자존심이 상하는 데 매우 민감하고, 특히 잘 아는 사람들 앞에서 그런 일을 당하는 것을 매우 불쾌하게 여긴다.

## 동양과 서양의 문화적 차이

동서양의 문화적 차이에 대해 연구해 온 미국 일리노이 대학 심리학과의 도브 코언(Dov Cohen) 박사는 서양인은 주로 1인칭 시점으로 인사이더 관점에서 세상을 보고, 동양인은 3인칭 시점으로 아웃사이더 관점에서 세상을 본다고 설명한다. 1인칭 시점을 갖는 사람은 자신이 생각하는 대로 남들도 생각하리라 믿는다. 내가 좋아하는 것을 남들도 좋아할 것이라 믿고, 내가 싫어하면 남들도 당연히 싫어할 것이라 여긴다. 그래서 자기중심적인 성향이 강하다. 이에 반해 3인칭 시점을 갖는 사람은 나보다 타인의 관점을 우선으로 한다. 그래서 사람들이 요새 뭘 좋아하는지를 더 중요하게 여기고 나도 그것을 좋아해야 할 것처럼 여긴다. 감정적인 면에서 내 감정보다 상대의 감정을 먼저 생각하고, 관계중심적인 면이 강하다. 그러다 보니 타인들과 최대한 비슷해지기를 원하고, 집단 안에서 두루뭉술하게 지내는 것을 선호한다.

체면이라는 개념은 자신의 얼굴이 중요하다는 것인데, 정작 나는 내 얼굴을 볼 수 없다. 남들이 내 얼굴을 보는 것이다. 즉, 내가 생각하는 나보다 남들이 보는 내 얼굴이 더 중요하다. 남들이 나를 보는 관점이 나의 현실과 실체보다 우선한다고 여기며 그에 맞춰 행동하는 것이다. 이에 반해 서양 문화에서는 일단 자신이 중요하고 스스로가 옳다고 여기는 것을 중심으로 판단한다. 동양인들이 체면 때문에 허례허식 등 여러 가지 문제가 생기고 자기주장을 하지 못해 손해를 보는 일이 생기듯이, 서양인들은 남들도 자신과 똑같이 생각할 것이라는 착각에서 문제가 발생한다. 이를 투명 착각이라고 한다. 또 자신이 남들의 생각을 잘 알고 있을 것이라는 공감 착각도 흔히 일어난다. 자기중심성이 지나친 나머지 자기확장이 일어나서 상대 또한 나와 같은 생각이리라고 오해하는 일이 벌어지는 것이다.

언어에서도 이러한 차이가 잘 드러난다. 물에 빠지면 우리는 "사람 살려!"라고 말하지만 영어로는 "Help me!", 즉 나를 도우라고 한다. 우리는 3인칭 관점에서 '사람'이라 지칭하는 데 반해, 서양인들은 1인칭으로 '나'를 구하라고 한다.

우리는 동양 문화에서 살고 있으며, 체면을 중요하게 여기는 동양 문화권에서 이심전심을 중심으로 소통한다. 그러다 보니 오해가 발생할 수밖에 없다. 그것이 나쁘다는 말이 아니라 우리가 살아가고 있는 문화의 현실임을 이해하자는 뜻이다. 우리는 나보다는 남을 먼저 배려하라는 말을 어릴 때부터 귀에 못이 박이도록 들어왔다. 그러나 그런 문화적 배경이 때로는 대인관계와 소통에서 오해와 불통의 요인이 될 수 있다는 것, 지나친 배려는 도리어 불편함을 주기도 한다는 사실을 이해해야 한다.

# 우리는 서로
# 연결될 수 있다

## 서로 통했다는 기쁨

정신과에 처음 입문하면 배우는 것이 정신 상태 검사다. 내과에서는 신체검진, 촉진과 타진, 청진기를 쓰는 것부터 배우고, 신경과에서는 신경학적 검사를 배우고, 안과에서는 안저경으로 망막을 보는 것부터 배운다면, 정신과에서는 인간의 정신 상태를 평가하고 정상과 비정상을 구별하는 방법부터 배운다. 인간의 사고 기능을 평가할 때 가장 중요한 기준은 사고의 형태를 유지하는 것과 소통 능력이다.

말의 흐름과 문법 구조가 그 사람의 지적 능력에 합당하게 유지되지 못해서 무슨 이야기를 하려는지 알 수 없는 상황일 때 '지리멸렬(incoherent)'하다고 한다. 또 질문을 적절히 파악해서 그에 적절한 대답을 할 수 있는 능력을 파악하는데, 이를 제대로 해내지 못하면 '동문서답(irrelevant)'이라고 한다. 이 두 가지를 모두 제대로 하지 못하는 경우는 심한 치매나 뇌 손상, 정신지체나 조현병(정신분열병)의 특징적 증상의 하나로 평가한다. 맥락을 제대로 파악하지 못해서 이야기의 흐름에서 벗어나 아주 지엽적인 부분에만 집착해서 그 부분에만 반응하는 것도 초기 조현병 증상의 주요한 증상 중 하나로 본다.

친구들과 점심 식사를 하고 있는데, 한 친구가 일요일에 본 영화 줄거리를 이야기하면서 주연배우의 연기가 너무나 훌륭했다며 감탄하고 있었다. 적절한 맞장구라면 그 배우가 나온 다른 영화에 대해 언급하거나 "나도 다음 주말에 보러 가야겠다"는 의견을 내는 것이다. 그런데 만일 "극장은 팝콘이 맛있어야 해. 팝콘은 캐러멜 팝콘이 최고야"라면서 전체 흐름에 맞지 않는 소재로 갑자기 넘어가버린다면? 말을 꺼낸 사람은 김이 새고 말 것이다. 한 번이야 그렇다 칠 수 있지만 매번 이런 식으로 맥락에 맞지 않게 엉뚱한 방향으로 튀어버리는 친구가 있다면 대화하고 싶은 마음이 들지 않을 것이다.

말은 많이 오가지만 어딘가 답답한 마음이 사라지지 않는 상태는 뭘 많이 먹었는데 헛헛하고 포만감이 들지 않은 기분과 같다. 서로 통하지 못했기 때문이다. 커뮤니케이션은 우리말로 하면 의사소통(意思疏通)이라고 한다. 한자로 된 네 글자 중에서 세 개를 포기하고 하나만 골라야 한다면 당신은 무엇을 고르겠는가?

뜻[意]을 정확하게 전달하는 것, 자신만의 생각[思]을 명료하게 정리해서 밝히는 것, 적당히 멀어지며[疏] 거리를 유지하는 것? 나는 그 중에서 가장 중요한 것은 서로 통했다[通]는 감정을 느끼는 것이라 생각한다.

'궁즉통(窮則通)'이라는 말이 있듯이 궁해야 통할 때도 있지만, 결국 우리가 바라는 것은 누군가와 통하는 상태를 경험하는 일이다. 맥락을 읽는 능력을 다른 말로 표현하면 코드를 읽는 능력이라 할 수 있다.

코드가 통하는 사람과 대화를 하는 것은 그래서 즐겁다. 처음 만난 사람과 통성명을 한 후 출신 지역이나 학교, 취미 등을 물어보는 것도 공통점에 의해 코드를 맞춰보려는 노력의 일환이다. 그러나 꼭 코드라는 것이 공통점으로만 이루어지는 것은 아니다.

기본적으로 비슷한 성격이나 성향, 또 세상을 바라보는 태도가 맞는 경우에도 서로 잘 통한다는 느낌을 받기 쉽다. 맥락을 잘 파악하고 받아쳐주는 능력이 있는 사람은 누구와 대화를 해도 코드를 잘 맞춘다는 평을 받는다. 코드가 잘 맞는 사람과는 오래 만나지 않았는데도 오랫동안 알고 지내온 사이 같은 친밀감을 느낄 수 있다. 한마디 운을 띄우면 바로 받아쳐주고, 정확히 내가 무슨 말을 하려고 하는지 나보다 더 잘 파악하고 있다면 말을 할 때 신이 난다. 그리고 이해받고 있다는 느낌도 들고 대화의 만족도는 최고가 된다.

## 코드의 함정

현실의 삶에서뿐 아니라 트위터나 페이스북으로 다른 사람의 글을 보다가 자신과 비슷한 음악이나 음식에 대한 취향이 있는 것을 발견하면 반가운 마음이 든다. 인터넷에서 여러 가지 종류의 다양한 동호회나 카페가 성황인 것도 코드가 맞는 사람들과 사귀고 싶다는 사람들의 욕망이 반영된 것이다.

그런데 문제는 내가 갖고 있는 취향의 코드는 나이가 들수록 정교해지고 단단해지는데, 그에 비례해서 상대를 향한 기대치가 높아지는 것이다. 결국 사람을 판단하는 시야는 좁아지고, 관계의 맺고 끊음도 단호해질 위험이 있다.

나이가 들수록 이미 잘 맞는 사람들과의 익숙한 관계 안에서만 지내는 것을 선호한다. 누군가 새로운 사람을 만나거나, 새로운 집단에 들어가는 것을 점점 거부하게 된다. 마치 해외여행을 가서 그 나라 음식을 즐기기보다는 밥이나 라면이 간절해지는 느낌처럼 말이다. 특히 남에게 맞출 필요가 없는 사람일수록 자기 취향과 코드에 대한 집착이 강해지고, 그 코드에 맞는 사람만 선호한다. 그 사람의 진짜 본질은 뒷전으로 밀리는 수도 있다.

한편으로 그것이 함정이 된다. 자신이 제일 중요하다고 여기는 코드적 요소만 맞다면 모든 것이 다 용서되는 것이다. 종교적인 영역에서 맞다거나, 같은 지역이나 학교 출신이라는 식으로 인생의 커다란 그림 중 한 축에 지나지 않는 것만 보고 그 사람을 좋다고 여기고 서로 친하게 지내려고 애를 쓰는 기현상이 벌어지는 것이다. 그러다가 결국 그 사람 전체를 알게 되거나 그의 어두운 면을 발견하고 크게 실망하기도 하고, 모든 것을 믿고 맡겼다가 피해를 입거나 배신을 당한다. 한두 번 그런 경험을 하고 나면 조금이라도 맞지 않을 경우 '코드가 통하지 않나 보다'며 체념하고 아예 관계 자체를 거부한다. 코드가 맞는 사람을 만나기 어렵기 때문에 코드가 통하는 사람을 찾으면 끝까지 믿고 싶은 것이 사람 마음이다. 게다가 잘 풀리지 않는 관계를 모두 코드의 문제로 돌리면 복잡다단한 인간관계의 꼬임이 훨씬 단순명료 해지리라 굳게 믿는다.

정말 코드만 맞으면 모든 것이 해결될까? 옛날 어떤 왕이 전쟁에 나가기 전 사랑하는 여인에게 동전의 반을 쪼개어 증표로 주었다. 20년 후 한 청년이 동전 반쪽을 가지고 왕을 찾아왔고, 왕은 동전이 완전히 맞춰지는 것으로 그가 자기 후계자임을 알아보고 인정했다. 많은 이들이 인간관계에서도 그런 일이 벌어지기를 바란다. 하나의 암호를 대거나, 딱 맞는 열쇠로 자물쇠를 열면 나머지는 한 번에 해결되는 그런 주문이 있기를 바라는 것이다.

## 대화의 러너스 하이

우리는 태어난 순간부터 죽어서 관 속에 들어가는 그 순간까지 끊임없이 소통한다. 그리고 그것이 끊이지 않기를 원한다. 그래서 남과 대화하지 않을 때에는 내 안의 수많은 나와 대화한다.

아기는 태어나면 처음 몇 달간 세상과 울음으로 소통한다. 엄마만이 그 울음소리를 듣고 아기가 배고픈지, 기저귀가 젖었는지, 추운지 아픈지 등의 의미를 알아차린다. 여기에 적절히 대응하면 아기는 엄마와 교감하게 되고, 더 나아가 세상과 소통이 된다는 것을 깨닫게 된다. 이 경험은 세상과 삶에 대한 '믿음의 근원'이 된다. 소통의 욕구는 근본적이고, 누군가와 통하기를 바라는 마음은 생존을 위해 유지해야만 하는 일이다. 그래서 감옥에 갇힌 죄수들이 가장 두려워하는 일이 밥을 못 먹거나 춥고 불편한 것이 아니라, 독방에 갇히는 것이라 한다. 제일 힘든 징벌은 바로 다른 죄수들과 대화를 나눌 수 없는 것이다. 거꾸로 누군가와 소통하고 있다면 감옥에 갇혀 있어도 버틸 힘을 준다.

'통하는구나'라는 느낌이 들 때 경험하는 만족감에는 그 무엇과도 비교할 수 없는 짜릿함이 있다. 이성적으로 서로 적대감이 없다는 것을 확인하고 이해하는 수준을 넘어서서, 감성적 방어막을 해체하여 그것을 뛰어넘는 매우 원시적인 교감이 '통했다'라는 감정이다. 하지만 그런 순간은 흔히 오지 않는다. 그래서 우리는 언제나 그 궁극의 순간을 기다린다. 마치 마라톤을 하면서 '러너스 하이(runner's high)'의 순간을 기대하고, 운동선수나 무용을 하는 사람들이 자신의 한계치를 초월해 시공이 멈춰버린 듯한 절정의 경험(peak experience)을 맛보는 것과 같다. 뇌의 아편성 수용체가 충분한 자극을 받는 순간이다. 이럴 때 엔도르핀이 분출된다.

어떤 사람은 그런 순간을 한 번도 경험해 보지 못했다고 실토하기도 한다. 아무리 오래되고 친한 친구라 하더라도 둘 사이에 절대 넘을 수 없는 보이지 않는 선이 있다는 것을 인정해야 할 때, 사람들은 궁극의 소통은 존재하지 않을지 모른다고 좌절하게 된다.

# 언어부터 다른 코드 문화

일반적으로 '코드가 통하는 사람'이라고 말할 때 '코드'는 영단어 'code'를 말하는 것이다. 코드는 사전적으로 '신호법, 암호, 어떤 계약의 규약, 법전, 사회언어학적으로 말하는 방식' 등으로 풀이된다. 다른 사람들은 내가 쏜 신호를 충분히 이해하지 못하고 오해하더라도 '코드가 통하는' 사람은 나의 신호법을 너무나 잘 알고 있어서 내가 보낸 신호를 정확하게 해석한다.

이처럼 서로 코드가 맞는 사람들, 통하는 사람들 사이에는 그들만의 언어가 있는 듯하다. 같은 한국어를 쓰더라도 남들은 알아차리지 못하는 언어를 만들어 그들과 우리 사이의 보이지 않는 언어의 벽을 쌓는다. 그러한 언어가 특정한 단어로 표현되면 은어가 된다.

사람은 각자 자기가 살아온 과거를 안고 현재 만났으므로 과거에 대해서 세세히 알 수 없지만, 어딘가에 공통점이 있기를 바란다. 그런데도 서로 생각하는 것, 느끼는 것, 별다른 고민 없이 한 번에 결정하고 선택하는 그것이 동일하기를 바란다. 그래야 복잡하게 과거의 배경과 맥락을 설명하고 '내가 지금 왜 이런 것을 좋아하는지' 설명하는 수고를 들이지 않아도 되기 때문이다. 그래서 갈등이 심한 사회일수록 대화를 하거나 화해를 시도하기보다는 비슷한 취향의 사람들끼리 '끼리끼리' 모이게 된다.

근래 트위터가 정치적 사안에 강한 영향력을 발휘하고 있다. 그런데 트위터를 분석해 보면 진보나 보수 성향의 사람들이 반대 성향의 사람들에게 영향을 미치기보다는 같은 성향의 사람들의 결집력을 강화하는 경우가 많았다. 전혀 다른 코드의 사람들의 멘션을 보거나 팔로우하지 않는다는 것이다. 그보다는 같은 성향의 사람들끼리 모여서 서로의 생각을 확인할 뿐이다. 그래서 트위터만 보다 보면 자기가 생각하는 것, 코드가 맞다고 여기는 성향의 일이 대단히 인기가 있고, 유명하고, 강한 영향력을 발휘할 것이라고 착각할 위험도 있다. 그러나 실제로는 찻잔 속의 태풍이기 일쑤다.

트위터에서 제주 4·3사건을 다룬 영화 〈지슬〉은 큰 화제였다. 최소한 나와 연관된 사람들의 네트워크에서는 그랬다. 물론 이 영화는 독립영화로는 예외적으로 흥행에 성공했다. 그러나 주말에만 100만 명의 관객을 동원하는 블록버스터 할리우드 영화와는 비교할 수 없는 성적이었다. 트위터에서 그 할리우드 영화는 화제에도 오르지 않았지만 말이다. 이런 것이 끼리끼리 모임의 코드 동질화에 의한 착시 현상이다.

그렇기 때문에 코드가 다르고, 전혀 다른 취향을 갖고 있는 사람이라 하더라도 그 사람을 이해하려 노력하고 만날 기회를 늘리는 등 내취향의 레퍼토리를 넓히려는 전향적 자세가 필요하다.


## 신호를 보내고 소통할 때 완성된다

여기서 시각을 달리해 '코드'라는 말을 세 가지 다른 영어 단어로 설명해 보고자 한다. 가장 기본적인 사전적 의미에 따르면 코드는

'code(암호, 부호)'다. 어떤 사람과 소통할 때 상대방이 내게 보내는 신호를 코드로 받아들이고 해석할 수 있어야 한다. 모스부호는 길고 짧은 음의 연결로 알파벳의 의미를 만들어내고, 간첩들은 '난수표'로 의미 없어 보이는 숫자와 단어 들 사이에서 중요한 지령을 찾아낸다. 이렇게 코드를 안다는 것은 서로가 서로에게 보내는 신호를 해석하는 통역기를 장착했다는 것을 의미한다. 그런데 문제는 모두가 각자의 자기만의 송신기와 수신기를 갖고 있다는 것이다. 80퍼센트는 누구나 해석할 수 있지만 20퍼센트는 그렇지 않아서, 이를 얼마나 잘 해석하느냐의 문제는 소통의 성공 확률과 직결된다.

두 번째 코드는 'cord(끈, 줄)'라고 할 수 있다. 누구나 사람과 사람 사이가 배배 꼬이지 않고 직렬로 연결되기를 바란다. 태아가 자궁 안에서 어머니와 연결되는 탯줄도 'cord'다. 아이는 춥거나 배가 고프다고 느끼면 어머니와 연결되어 있는 탯줄로 모든 것이 바로 공급되었다. 우리는 이를 기억하지 못하지만 몸은 기억하고 있어서 하나의 코드로 직접 연결되는 일심동체의 관계를 맺기를 열망한다.

마지막으로 코드는 'chord(화음)'다. 소통은 혼자만의 독주가 아니다. 하나의 음보다는 '도미솔'이라는 C코드, '레파라'로 D코드를 낼 때 더 복잡하고 풍부한 소리를 만들어낼 수 있다. 소통은 혼자 높은 단음을 내기보다 멋진 코드로 함께 연결될 때 한 단계 업그레이드된다. 상대방이 보내는 소리에 화음을 넣어 코드를 진행할 때 관계의 하모니가 완성되는 것이다.

코드의 세 가지 의미를 이해하면 코드는 더욱 풍성해진다. 풍성해진 코드는 의사소통을 통한 관계의 구축을 원활하게 한다. 나이가 들고 경험이 많아질수록 코드의 변주를 즐기고 새로운 코드를 익히는 것을 두려워하지 않는 사람도 있지만, 대부분의 사람들은 익숙한 코드에만 국한되어 버린다. 코드가 정확하고 충분히 넓은 레퍼토리를 가지고 있다면 그래도 별문제가 없을 것이다. 그러나 관계의 폭이 점점 좁아지고, 편하지 않은 사람과는 엮이기가 싫고, 다른 생각을 가진 사람의 말은 싫다는 감정부터 생기는 일이 잦아진다면, 그때는 전면적으로 고민할 때다.

우리는 직렬연결의 'cord'를 원하지만 그런 경험은 일시적이고 찰나일 뿐이다. 많은 이들과 함께 잘 지내기 위해서는 다양한 'code'를 갖고 있어야 한다. 그래야 좋은 관계들을 이어갈 수 있다. 나에게 맞추기를 바라기보다 내가 맞추려 노력하고 유연성을 유지하는 것이 좋은 어른이 되는 길이다. 그래야 사람들과 'chord'를 만들어내며 아름다운 화음을 내는 관계의 하모니를 만들 수 있다. 그게 좋은 소통이고 관계다.

**4**장

# 관계 맺기와
# 소통

―

―

## 스스로 잘 알고 있습니까?

66

부모님과 함께 있는 나, 회사에서의 나, 여자친구를 만날 때의 나는 알겠는데 진짜 나는 어디에 있는지 흔적도 없이 사라져버린 것 같다. 이와 같은 정체성의 문제에 직면하면 갑자기 지금까지 당연하다고 생각해 온 모든 것들이 헷갈려진다. 이런 불안감이 다가올 때는 우선 솔직해져야 한다. 마음의 성벽을 쌓아 내면의 진실한 모습을 감추는 것만이 능사가 아니다. 일상생활에서 쓰는 가면 안의 진짜 내 모습을 알아야 남에게 보여줄 내 모습도 알 수 있다. 솔직함을 바탕으로 스스로의 정체성이라는 반석을 단단하게 세워두어야 한다. 소통도 마찬가지다. 확고한 자아를 기반으로 할 때 독립된 인격체로서 다른 사람과 친밀한 관계를 맺는 것이 가능해진다.

99

# 루트가 늘어나도
## 헛헛함만 늘어난다

## '좋아요'가 좋은 것만은 아니다

최근 한 대학에서 학생 347명을 대상으로 SNS 사용에 대해 설문조사를 했다. 그랬더니 하루 16분 이상 페이스북에 접속하는 경우, 자기가 쓴 글에 '좋아요'가 별로 없거나 댓글이 없을 때 외톨이가 되었다고 느낀 적이 있었다고 응답했다. 그러나 관계의 가벼움에 대해 회의적이면서도 한편으로는 '좋아요'를 더 많이 받기 위해 가식적인 표현이라도 쓰고 싶은 충동을 느낀다고 말했다.

근 몇 년 사이에 많은 사람들이 페이스북, 트위터 등의 SNS에 열광하고 있다. 유명인이 트위터에 올린 글은 실시간으로 언론에 보도되고, 여론의 동향을 알려주는 민감한 풍향계가 되는 등 사회적으로 큰 파급력을 갖게 되었다. 페이스북에 소소한 일상을 올리고 사회적 의견을 나누며 관계를 돈독히 하는 것도 새로운 관계 방식으로서 확고해졌다. 이 조사는 SNS 사용에도 불가피하게 부정적인 면이 있음을 밝힌 것으로 관심을 끌었다. 정말 '좋아요'를 못 받는다고 우울증이 생길까?

돌이켜보면 이런 현상은 새롭지 않다. 예전에도 인터넷 블로그나 커뮤니티 게시판에 글을 올리고 나면 수시로 접속해서 조회수를 확인하고, 댓글이 달렸는지 살펴보았다. SNS는 개인의 오프라인 정체성이 모바일과 PC로 확장된 것이므로 자기가 쓴 글에 대한 사람들의 반응에 일희일비하기 쉽다. 사이버 공간에서 글을 쓰는 것은 나를 드러내는 것일 뿐만 아니라, 글 자체가 바로 내가 된다. 네트워크 속에서 글은 나와 세상을 연결해 주고, 나는 세상과 연결되어 있음을 확인하며 심리적 안정감을 얻는다.

이런 심리적 애착 때문에, 힘들 때마다 그 심정을 블로그나 SNS에 올리고 누군가에게서 듣는 작은 위로가 심장으로 직렬 연결되어 정서적인 급유를 받을 수 있다. 직접 얼굴을 맞대고 목소리를 듣지 못해도 온라인에서 받는 댓글과 동의, 추천은 용기와 정서적인 안정감을 준다. 그리고 받은 만큼 상대에게 도움을 주는 이타적인 상호관계가 형성된다.

사이버 공간에서 벌어지는 위로와 칭찬의 상호작용은 정서적인 품앗이인 셈이다. 이런 것이 가뜩이나 흔들리기 쉬운 삶의 노곤함을 줄여주며 힘을 북돋아준다. 어릴 때부터 인터넷을 사용하면서 자라난 30대 이하의 젊은 세대에게 이런 방식은 자연스럽다. 이들은 현실과 사이버 공간 사이에 막힌 벽 없이 감정을 주고받는다.

그러다 보니 현실에서 충족되지 않는 정서적 지지를 온라인에서 대신 채울 수 있다. 내 글에 대한 '좋아요'나 멘션에 리트윗이 쏟아질 때, 훈훈하고 유머 있는 댓글을 볼 때, 세상과 내가 '연결되어 있음'을 실감한다. 현실에서 지치고 힘들어질수록 고립감과 외로움은 커지고, 내가 한없이 작은 존재로 쪼그라든 것처럼 느껴진다. 그럴 때 사이버 공간의 친구들은 찌그러진 풍선 같은 내 마음에 바람을 넣어준다. 그래서 암울한 현실을 견딜 수 있다. 그런데 온라인에서조차 온기를 느끼지 못한다면 이때부터는 본격적인 우울감이 시작될 것이다. 기댈 만한 곳이 한 군데도 없는 상태이니 말이다.

다들 자기 살기 바빠 세상이 각박해진다지만, SNS는 더욱 발달하고 있다. 조금만 노력하면 수백 명의 페이스북 친구가 생기고, 트위터 팔로워를 수시로 만들며 댓글이 오가는 데 열중한다. 한 번도 만난 적 없는 사람들과 '페친', '트친'이 되고, 만난 지 10년도 더 된 옛 친구의 페이스북에 들어가 일상을 공유하면서 '좋아요'를 누르고, 별 내용도 없는 댓글을 단다. 그러다 보니 전보다 바쁘긴 한데, 이상하게 헛헛하다. 당장 전화해서 "오늘 저녁에 뭐 해?"라고 편하게 말을 걸 만한 사람은 수백 명의 전화번호부 목록에서 몇 명 되지 않는다. 도대체 무슨 일이 벌어지고 있는 것일까? 이렇게 많은 친구들이 있다면 만날 사람도 많아져야 할 텐데, 외로움은 여전하다. 편한 것만 찾다가 본질을 잊고, 소통의 직구를 던질 능력이 도리어 퇴화해 버린 것이다.

## 상처 받기 쉬운 원숭이들의 가상 세계

하루는 여우가 원숭이에게 꽃신을 선물했다. 푹신푹신한 꽃신을 공짜로 얻은 원숭이는 꽃신을 매일 신고 다녔다. 꽃신이 다 해져버리자, 여우는 한 켤레를 더 선물했다. 하지만 얼마 지나지 않아 꽃신이 또 닳았고, 원숭이는 여우에게 한 켤레 더 달라고 했다. 그제야 여우는 본심을 드러내고는 나무에서 따온 잣을 달라고 말한다. 원숭이는 처음에는 일언지하에 거절하며, 꽃신이야 없어도 그만 아니냐고 말했다. 그러나 한동안 신을 신고 다녀서인지 원숭이의 발바닥은 어느새 말랑말랑해졌다. 딱딱한 땅 위를 걸어 다닐 때마다 전과 달리 아파서 견딜 수가 없었다. 결국 원숭이는 깡충깡충 뛰면서 여우에게 꽃신을 달라고 애원해야 했다. 여우는 앞으로 한 달에 한 켤레씩 꽃신을 줄 테니 그때까지 잣을 준비해 놓으라고 명령했다. 원숭이는 이제 여우의 말에 따르지 않을 수 없는 처지가 되고 만 것이다.

블로그나 미니홈피는 PC를 기반으로 하여 집이나 사무실에서 컴퓨터를 켜야만 이용할 수 있었다. 이에 반해 SNS는 모바일로 연동되어 이제는 24시간, 어느 장소에서든 가능해졌다. 참으로 편리하지만, 한편으로는 여우가 선물한 꽃신과 같다. 일상 속에서 겪는 소외감과 외로움을 SNS라는 푹신푹신한 꽃신으로 막다 보니 어느새 마음의 발바닥이 말랑말랑해졌다. 그래서 어쩔 수 없이 맞닥뜨리게 되는 작은 갈등과 인간관계에서 느끼게 되는 외로움이 예전보다 더한 아픔을 준다.

새롭게 등장한 다양한 소통 수단들은 편안하고 안락한 느낌과 환경을 선물해 주지만, 그만큼 일상적인 갈등, 사람과 사람 사이에 오고가는 작은 변화에도 과도하게 예민해지게 만든다. 관계에 예민해져 쉽게 지칠수록 익명의 가상공간으로 더욱 빠져든다. 타인과의 접촉 빈도는 많아지지만, 서로에 대한 깊은 관심이나 뜨거운 열정은 점차 옅어진다. 또 이전 세대라면 아무렇지 않던 일조차 어렵고 민감한 문제가 된다.

최근 한 지인이 "통화 가능하세요?"라는 문자가 불편하다고 말했다. 전화할 생각이라면 바로 전화할 것이지, 통화가 가능한지는 왜 미리 묻느냐는 말이다. 나는 도리어 일을 하거나 생각하는 도중에 누가 갑자기 전화해서 흐름을 깨면 부정적으로 반응하게 되는 때도 있으므로, 먼저 문자를 보내주는 편이 좋다고 했다. 예전에는 사무실 전화만 있어서 자리에 있을 때만 전화를 받고, 자리를 비웠을 때는 자동응답기에 남겨진 메시지를 확인하고 한꺼번에 응답하면 그만이었다. 그런데 휴대전화와 스마트폰이 보급되면서 일상이 침범당하는 듯한 피해의식이 생길 정도로 24시간 전화를 받을 수 있게 되었고, 어느 때건 이메일 확인이 가능해지면서 시간마다 체크하게 되었다. 언제, 어느 방향에서 소통의 채널이 열릴지 예측하기 어려운 시대에 통화가 가능한지 묻는 문자메시지가 일종의 에티켓으로 자리 잡게 된 것이다. 그만큼 소통에 대한 예민함과 민감도는 더해졌다는 말이기도 하다.

## 밀당은 힘들어

요즘 들어 남녀 관계의 어려움을 호소하는 젊은이들에게서 자주 듣는 하소연이 있다. '밀당'이 너무 힘들다는 것이다.

남녀는 처음에 서로 호감을 갖고 만나다가, 단계를 밟아가며 관계를 발전시킨다. 문제는 그때부터 생긴다. 어느 한쪽이 문자메시지를 남겨도 즉시 답장하거나 전화를 주지 않는다. 하루 종일 회의 중이었다거나, 바빴다거나, 휴대전화를 두고 나갔다고 해명하지만 뭔가 석연치 않다. 약속도 피치 못할 일로 미뤄진다. 그렇다고 거짓말 같지는 않고, 여전히 좋은 감정을 지닌 것은 느껴지니 일부러 밀어내는 것은 아니다. 도대체 뭐가 뭔지 모르겠다. 지친 마음에 연락을 안 하면, 이번에는 저쪽에서 적극적으로 다가온다. 확실한 것은 하나도 없는 애매한 상황으로 애가 타고 마음은 지쳐간다.

젊은이들은 이런 상황을 '밀당'이라고 한다. 한쪽이 능수능란하게 관계의 거리를 밀었다 당겼다가 하면서 관계의 주도권을 가져간다는 의미다. 이런 상황에 놓이면 당하는 사람은 상대방에 대해 부정적인 감정을 갖게 된다. 그렇다고 확 내치지도 못한다. 왜 이런 일이 벌어지는 것일까?

사실 밀당이란 새로운 방식이 아니다. 춘향이도 이몽룡을 애 태우게 하며 밀당을 했다. 영화 〈러브 스토리〉에서 제니가 "너는 어차피 졸업하고 나면 이곳을 떠날 것이고, 너희 집안에 어울리는 사람과 결혼할 거잖아"라면서 올리버와의 관계가 더 이상 진전되는 것을 막거나, 다른 여학생들에게 선망의 대상인 하버드대생이자 하키 선수인 올리버를 요 샛말로 '듣보잡' 취급한 것도 전형적인 밀당이었다. 당하는 사람이 힘들어하기는 했지만, 밀당을 하는 상대를 미워하지는 않았다.

이는 현대 사회의 일반적인 관계의 양상이 변화했기 때문이다. 과거에는 한 사람을 오랫동안 천천히 알아갔고 평생 만날 수 있는 사람의 수가 제한적이었지만, 현대 사회에서는 너무나 많은 사람들을 쉽게 만나고 짧게 이어가다 곧 헤어진다. 그러다 보니 쿨(cool)함이 대세가 되었다. 깊은 감정을 나누거나 마음이 아픈 것이 싫고, 서로의 존재를 받아들이고 적당한 거리를 유지하면서 각자의 프라이버시를 인정하는 것이 당연한 세상이다. 서로의 삶에 대해 깊이 알고 강한 감정을 나누면서 마음이 아픈 만큼 애정도 깊어가는 '찐한' 관계를 경험할 일은 사라지고 있다.

쓰지 않는 기능은 퇴화하고 훈련하지 않는 근육은 자라지 않듯이, 마음도 그렇다. 요즘에는 어릴 때부터 관계의 아픔이나 감정의 격동을 느껴보지 않고 자란 사람들이 어른이 되어 사랑을 시작한다. 집 안에서만 자라 면역력 없는 아이가 처음 세상으로 나오면 단순한 감기도 치명적인 질환이 되는 것처럼 성인이 된 후 처음으로 감정의 심한 흔들림을 느낀다. 부모나 형제와의 관계에서, 10대 시절 친구와의 관계에서 미리 여러 가지 감정을 겪어봤다면 이렇게까지 아프지 않았을 것이다. 자연스러운 관계의 저울질로 인한 두근거림과 애 타는 마음을 즐겁게 받아들이지 못하고, 가벼운 감기로 중병에 걸린 것처럼 느낀다.

밀당은 최적의 거리를 찾는 과정이다. 누군가에게 애정을 느끼면 그와 최대한 가까워지고 싶어 한다. 그 사람과 모든 것을 함께하고 싶고, 실시간으로 서로의 생각과 감정을 나누고 싶다. 욕망의 근원은 엄마 배 속에 있을 때 경험한 원초적 관계다. 이 일심동체의 환상을 꿈꾸며 사랑을 시작하지만 당연히 실현될 수 없는 관계다. 처음에는 아주 잠깐 두 사람의 마음과 몸이 합체된 것 같은 충만감과 만족감을 느끼고, 이를 사랑이라고 믿는다. 하지만 곧 그것이 지속되지 못한다는 것을 깨닫고, 우리는 현실의 삶에서 자신이 견딜 수 있는, 그러나 다른 누구에게도 허용하지 않은 가장 가까운 거리를 내주는 것으로 타협한다. 이상적인 최선은 아니지만, 실현 가능한 차선이다.

문제는 그 거리가 사람마다 다르다는 데 있다. 어떤 사람은 심장에서 10센티미터 안에 있어야 사랑이라 느끼고, 어떤 사람은 2미터쯤 떨어져 있어도 충분하다고 여긴다. 그래서 전자는 후자에게 서운해하고, 후자는 전자의 관계에 불편해하고 어떨 때는 위협을 느끼기까지 한다. 일반적인 관계라면 그만 만나거나 멀찍이 거리를 두면 되지만, 사랑하는 사람과는 관계를 끊을 수도 없고 어떻게든 지속하고 더 좋아하고 싶다. 그래서 거리를 재보려 여러 가지 노력을 해본다. 이 과정이 밀당이다. 밀당을 하면 속도도 함께 조절된다. 너무 빠르면 겁이 나고, 느리면 불안해진다. 그 과정을 인내하면 더 튼튼해지고 성장할 수 있다. '남'에서 점 하나를 떼어내 '님'으로 완성해 가기 위한 불가피한 과정이다.

이미 관계 맺기에 익숙하다고 자부하는 사람들도 밀당이라는 감기에 휘청이는데, 이는 사랑이 주는 힘 때문이다. 편하고 익숙한 삶의 태도를 변화시키는 데 사랑만 한 모멘텀이 없고, 사랑하면서 우리는 한

뼘 더 자라고 관계의 면역력도 생긴다. 사랑할 때만큼 누군가가 필요하다고 처절하게 느낄 때가 또 있을까? 사랑을 경험하며, 성숙이란 의존적인 사람이 독립적인 사람이 되는 과정이 아니라 자신의 의존성을 적절히 다루는 법을 배우는 것이며, 타인을 필요로 하는 것이 얼마나 자연스러운 일인지 이해하게 된다. 이 모든 것들이 밀당이라는 괴로운 통과의례를 거치며 얻게 되는 것들이다. 그런데 밀당으로 아파하기만 하고 본질적인 핵심을 배우지 못한다면 정말 안타까운 일이다. 밀당은 지금 세대에게는 늦은 성숙을 따라잡기 위해 치러야 할 속성 수업료인 셈이다.

## 백(百) 디지털이 불여일(不如一) 아날로그

요즘 젊은이들은 SNS를 활용한 다양한 커뮤니케이션과 관계 유지 능력이 어느 세대보다 더 막강하지만, 이전 세대에게는 기본적이었던 최소한의 관계 맺기 능력조차 퇴행해 버린 미성숙한 세대이기도 하다.

서울에서만 혼자 사는 세대가 전체 인구의 4분의 1이 넘은 시대다. 사람들은 독립적인 삶을 추구하고 각자의 개성을 존중하며 자유로워졌지만, 그만큼 외로움은 커져서 고독사와 자살이 사회적 문제가 되고 있다. 다시 소통과 관계가 SNS보다 본질적인 문제 해결의 키워드로 부상해야 하는 시기다.

소통에 대한 욕구는 본능적이고 강렬하다. 1995년, 프랑스의 패션 잡지 《엘르(Elle)》의 편집장 장 도미니크 보비(Jean-Dominique Bauby)는 뇌졸중에 걸렸다. 뇌간 이하의 모든 신경이 죽어버렸지만 대뇌는 멀쩡하게 살아남았다. 그래서 숨을 쉴 수 있고 의식도 멀쩡하지만 몸을 움직일 수 없는 전신 마비 상태가 되었다. 이른바 자물쇠증후군(locked-in syndrome)이라는 증상이다.

침대에 누워서 마음대로 움직일 수 있는 신체기관은 눈꺼풀뿐이었다. 그는 눈꺼풀을 움직이는 방식으로 비서에게 신호를 보내어 표현하고픈 의미를 전달했다. 그리고 무려 100만 번 이상 눈꺼풀을 움직여서 자서전 『잠수복과 나비(Scaphandre et Papillon)』를 완성했다. 눈꺼풀밖에 움직일 수 없는데도 소통할 방법을 찾아냈고, 각고의 노력 끝에 세상 사람들과의 소통에 성공한 것이다. 소통에 대한 인간의 욕구가 얼마나 본능적이며 강렬한지 통감하지 않을 수 없다.

그만큼 인간은 소통을 원하고, 소통의 길이 막히면 괴로워하며, 어떻게든 길을 뚫으려 노력한다. 그러나 많은 사람들이 스스로 길을 찾기 전에 포기하고 길이 저절로 열리기만을 기다리며 인공감미료에 의지한다. 그러나 이 인공감미료는 대체물일 뿐 설탕이 될 수 없고 헛헛함만 심해질 뿐이다.

누군가와 연결되고 싶고 진심이 통하는 소통을 원해서 여러 가지 방법을 찾는다. 그러나 제대로 충족되지 못한 욕구는 좌절감을 불러일으키며 소외감을 심화시킨다. 온라인에서 기대한 만큼 충족되지 않을 때 우울해하기보다는 오프라인 쪽으로 눈을 돌려보면 어떨까?

소통은 한쪽에서만 해결책을 찾으려 해서는 안 된다. 세상은 영화 〈매트릭스〉와 같이 온라인과 오프라인 중 어느 한쪽을 선택해야 하는 것이 아니다. 그보다는 양쪽이 이어진 세상에서 자연스럽게 균형 감각을 유지하고 관계의 흐름을 잘 타는 것, 궁극적으로는 감정의 대차대조표를 흑자로 유지할 수 있는 현명한 사람이 21세기의 건강한 인간형이다.

# 소외감의
# 필요성

## 우리가 남이가?

한국 사람이 관계를 통해 성취하려는 궁극의 목적은 '우리'가 되는 것이 아닐까 싶다. 남이 아닌 우리가 되어 강력한 감정의 울타리 안에 안착하려는 것이다. 울타리 안에 들어간 안도감과 안정감은 매우 강력하다.

한 심리학자는 한국인의 이런 심리에 주목해서 '우리성'이라는 용어를 제안하기도 했다. 생각해 보면 한국 사람들은 '우리'라는 말을 참좋아한다. 친한 사이에 "우리가 남인가?"라고 말하기도 하고, 우리 학교, 우리 집이라고 칭한다. 은행이나 정당 이름에도 '우리'를 집어넣을 정도다. 그만큼 누구나 '우리'가 되고 싶어 한다. '우리'가 되면 미워도

껴안고 같이 가고, 잘못을 해도 두둔하려 한다. '우리는 남이 아니기 때문'이다. 그러다가 '우리'가 아닌 남이 되는 순간, 그동안의 애정과 관심은 한 번에 끊어진다. 매몰찰 정도다. 그때부터는 굶어 죽든 얼어 죽든 전혀 상관하지 않는다. 그런 모습을 보고 자란 사람들은 새로운 집단에 들어가면 그 안에서도 어떻게든 '우리'가 되기 위해 노력한다. 회식을 하는 것도, 선후배 관계라는 독특한 위계질서도 모두 그런 맥락에서 이해할 수 있다. 또 '우리'에서 벗어나고 회사에서 왕따당하는 사람들을 동정하면서도 은근히 동조하는 것도 '우리'의 무서움을 알고 있기 때문이다.

처음에는 낯설다가도 한 식구가 되었다는 느낌을 갖게 되면 일을 하기가 훨씬 수월하다. 그런데 '우리'가 되기 전까지는 서먹함과 이질감을 느끼는데, 이를 소외감이라고 한다. 이 과정을 견디고 '우리' 안에 들어가지 못해 집단에서 떨어져나가는 사람들도 있다. 어떤 면에서 보면 소외감을 경험하고 극복해 나가는 과정은 어떤 집단에 들어가 그 집단의 구성원으로 인정받는 과정에서 거치는 '통과의례'와 같은 일이다.

왜 사람들은 소외감을 느끼는 것일까? 소외감은 낯선 것, 내가 알고 있는 지식이나 원래 갖고 있던 생각과 다른 것을 몸으로 인식하는 과정이다. 그만큼 내가 갖고 있는 가치관이나 정체성이 명확하다는 의미이기도 하다. 내가 들어가서 '우리'가 되려는 조직도 그 나름의 조직문화와 가치관이 있으므로 나의 가치관과 만나 충돌을 일으키며 서로에게 영향을 주는 과정에서 소외감을 느끼게 된다.

어떤 조직에나 조직문화가 있다. 명문화된 규정은 아니지만 한 조직의 규칙이나 문화는 조직 내의 구성원들이 서로 관계를 맺고 일을 처리해 나가는 데 상당한 영향을 미치게 된다. 일반적 사회규범과 큰 차이가 없다면 새로 조직에 들어가도 적응하는 데 큰 어려움을 겪지 않는다.

조직문화는 조직이 만들어지고 조직에 속한 사람들이 서로 관계를 맺으면서 필연적으로 형성되는 자연적인 것이다. 사람과 마찬가지로 조직이나 집단도 생명체와 같이 성장하고, 역사가 생기며, 문화가 만들어진다.

새로 조직에 들어온 사람은 원래 자신이 갖고 있던 가치 판단 기준과는 다르더라도 일을 위해, 또 조직과 함께하기 위해 그 기준에 맞추려 한다. 그러나 도저히 받아들일 수 없다면 조직과 거리를 둔다. 더욱이 조직문화가 구성원 개인으로서는 도저히 받아들일 수 없는 조직의 가치 기준에 따르기를 일방적으로 강요한다면, 사람은 자신의 정체성을 우선으로 여기기 때문에 본능적으로 저항과 방어의 감정이 일어난다. 내 정체성을 지키는 것이 조직에 흡수되어 나를 잃어버리는 것보다 훨씬 낫다. 사람 나고 조직 났지, 조직 나고 사람 난 것은 아니기 때문이다. 그런 면에서 강한 소외감을 느끼는 것은 자신의 정체성에 닥친 위험을 감지할 수 있는 능력이 있다는 뜻이라고 할 수 있다.

반면 조금의 소외감도 느끼지 않고 바로 조직에 흡수되는 사람도 있다. 대부분 자아 정체성이 미약하고, 도덕 체계나 가치관이 덜 성숙한 경우가 많다. 예를 들어 청소년들이 폭력 서클에 쉽게 빠지거나, 제

1차 세계대전 이후 패전국 독일의 국민들이 나치즘의 광풍에 휩쓸리게 된 것과 마찬가지다. 마음이 약하거나 정체성이 약한 사람들이 사이비종교에 빠지면 집을 나가거나 전혀 다른 사람으로 변해 버리는 것도 그와 같은 이유다. 일종의 세뇌인 셈이다. 원래의 나는 흔적도 찾아보기 어렵고, 조직 논리와 정서로 무장한 새로운 인간이 된다. 자기정체감을 갖지 못한 사람은 집단의 강한 압력을 받고 시스템에 흡수되어서 자신을 아예 잃어버리는데, 조직의 도덕관이나 가치관이 자신의 것을 대체하므로 어떨 때에는 사회 통념으로는 이해하기 어려운 범죄나 비합리적인 행동을 서슴없이 저지르기도 한다.

극단적인 경우가 아니라면, 내가 조직에서 따돌림당하고 있다는 피해의식을 갖기보다는 소외감이 자신을 지키려는 건강한 방어 본능의 하나이고 살아가면서 꼭 필요한 과정이라고 이해해도 좋다.


## 집단과의 거리 두기


스스로를 소외시키거나 극심한 소외감이 외로움과 고립감으로 발전하지 않는 한, 어느 정도의 심리적 거리 두기는 숨통을 트이게 해준다. 조직에 휩쓸려 자신을 잃지 않으려는 노력의 일환으로 '개인 공간(personal space)'이라는 것이 필요하다. 데이비드 카츠(David Katz)가 1937년에 처음 사용한 말로, 한 개인을 둘러싸고 있는 공간에는 다른 사람이 침입할 수 없는 보이지 않는 경계가 존재한다는 뜻이다.

1차적으로는 위협으로부터 자신을 지키기 위한 것이지만, 2차적으로는 다른 사람과의 친밀감을 나타내고 커뮤니케이션하기 위해 필요하다. 개인 공간이 없으면 스트레스를 받을 수 있으므로 어떻게든 이를 확보하기 위해 노력하게 된다. 공중화장실에서 사람들과 한 칸 떨어져 볼일을 보거나, 한적한 극장에서 순서대로 다닥다닥 붙어 앉지 않고 적당히 좌석을 비우고 앉는 것도 개인 공간을 확보하고 유지하려는 노력이다. 소외감이 조직의 동조 압력으로부터 자신을 지키기 위한 방어 작용이라면, 개인 공간의 확보는 적극적인 심리 행동의 하나다.

물론 반복적이고 지나칠 정도로 예민한 소외감은 병적일 수 있다. 집단에서 따돌림 받는다고 느끼는 사람일수록 자아가 약한 경우가 많다. 자신이나 타인에 대한 기본적 믿음(basic trust)이 결여된 상태라면 조직에서 자신의 한계치를 넘어 무리하거나, 누에고치처럼 자기 안으로 숨어들어 소외감과 외로움을 더욱 강하게 탐닉하거나, 사람들이 손을 내밀어주지 않는다며 타인을 원망한다.

하지만 이런 문제는 기본적으로 사회생활을 잘하던 사람에게서는 거의 발생하지 않는다. 또 가혹할 정도로 자기 조직의 논리를 강요하는 집단이 아니라면 사람의 정체성이 말살될 만큼 장기적 소외감을 느끼게 하지는 않는다. 그러니 일반적으로 사회생활을 해온 사람이라면 어느 정도의 소외감은 그리 걱정할 일은 아니다.

일시적인 소외감은 도리어 나를 지키고 집단과 적당한 거리와 공간을 만들어내고 유지하기 위한 시도라고 해석해야 한다. 어떤 상황에 너무 빠르고 쉽게 몰입하면 그 거리감을 잃어버리기 쉽다. 강상중 교

수는 『도쿄 산책자(ト-キョ-.ストレンジャ-:都市では誰もが異邦人)』라는 책에서, 배우들은 연기할 때 자신의 역할을 자각적으로 받아들이는 의식을 통해 배역과 거리를 둔다는 사실에 주목했다. 이와 마찬가지로 인생에서도 거리를 확보하는 것이 중요하다고 주장한다.

일단 한발 떨어져서 인생을 드라마로 받아들이고 연출가처럼 조망하는 시점을 갖지 않으면 이야기를 만들어내기 어렵다. 누구나 자신의 이야기를 만들 때 절실해지고 자기중심적이 되면서 과도한 자기의식에 괴로워진다. 이때 높은 데서 자기 자신을 내려다보며 거리를 둔다면 자아가 비대해지는 것을 막을 수 있다. 그리고 하나가 아니라 여러 개의 자신을 연기하면 의외로 편안해지면서 여유를 가질 수 있다. 여기에서 여유란 뒤로 물러서서 볼 수 있는 정신적 폭이 넓다는 의미다. 소외감은 거리 두기를 통해 여유를 갖고 나를 지켜나가면서 안전하게 집단과 나 사이의 관계를 설정하는 건강한 기능을 한다.

만약 한 집단에서만 지나칠 정도로 소외감을 오랫동안 강하게 느끼거나 조직이 좋아지지도 않으며 정체성이 훼손되는 듯한 위기의식까지 느낀다면, 꼭 그 집단에 머물러야 하는지 그들과 '우리'로 엮여야 하는지 스스로에게 질문해야만 한다. 서둘러 '우리' 안에 들어가야 한다는 강박관념과 조바심 때문에 '나'를 잃는 우를 범해서는 안 된다. 다른 '우리'는 언제든지 찾을 수 있지만, 한 번 잃어버린 '나'를 온전히 되찾고 복구하기는 어렵다.

소외감은 필요하고 불가피한 불편함이다. 초기에 소외감을 강하게 느끼는 사람일수록 평소 자기정체성이 확고한 사람이다. 집단과 교류하며 영향을 주고받고 그 안에 들어가 '우리'가 되면서도, 내가 느끼는 소외감을 돌아볼 줄 알고 나의 정체성과 개성을 유지할 줄 아는 사람이 튼튼한 정신의 소유자다.

# 초두 효과와
# 각인

## 제대로 된 시작이 중요하다

사람을 처음 만나는 것은 참 긴장되는 일이다. 사회생활의 구력이 늘어가면서 내성이 생길 만도 한데 말이다. 상대방이 어떤 사람인지 궁금하고, 나를 어떻게 볼지 불안하기도 하다. 그래서 특히 중요하다고 생각하는 사람을 만날 때에는 무엇을 입고 갈지, 어디에서 만나는 게 좋을지, 또 지금 만나거나 전화하기에 적당한 시간인지 고민하기도 한다.

첫 단추를 잘 끼워야 하듯, 사람을 처음 만나고 대화하는 것은 중요하다. 이 시기를 잘 풀어야 나머지가 술술 풀리고, 이 시기부터 삐걱대면 엉망진창이 될 수도 있으니 말이다. 그래서 그만큼 첫 만남을 성사시키고 잘 풀어나가는 것은 중요한 일이다.

회사에서 사람을 뽑을 때도 마찬가지다. 인사 담당자들이 직원을 채용할 때에는 서류 전형으로 1차 선발을 진행하는데, 자연적으로 사진에서 인상이 좋아 보이는 사람에게 호감을 느낀다. 지원자들이 엇비슷한 경력을 갖고 있다면 이왕이면 호감 가는 사람을 면접하고 싶어진다고 한다. 그런데 실제로 만나보면 이력서의 사진과 실물이 너무 달라서 배신감을 느끼곤 한다고 말한다. 일명 포샵을 거치면서 사진이 실물과 달라졌기 때문이다. 그래서 사기라고 열을 내는 담당자도 있다. 그렇지만 이것이 정말 나쁜 일일까? 그 정도는 1차 관문을 통과하기 위한 최소한의 노력이라고 생각할 수도 있다. 요리책이나 음식점 메뉴판에 나온 사진이 실제 만들어본 음식이나 제공된 음식과 같지 않다고 해서 화를 내지는 않는 것과 같은 맥락이다. 그만큼 사람들은 첫인상을 좋게 하기 위해 매우 노력을 기울이는데, 얼굴을 마주할 기회조차 얻지 못하느니 기술의 힘을 빌려서라도 인상을 좋게 하려 노력하는 것은 그만큼 절실하다는 증거다.

귀는 옆에 달려 있지만, 눈은 앞에 있다. 귀로 듣는 정보는 충분히 들어야 파악할 수 있지만, 눈으로 들어오는 정보는 보는 즉시 확인할 수 있다. 라디오에서 유명 아이돌 그룹의 노래가 흐르면 조금은 들어봐야 그 곡명이 무엇인지, 누가 부른 것인지 파악할 수 있다. 그런데 TV로는 몇 명이 서 있는지만 봐도 어느 그룹인지 알 수 있다. 그만큼 눈은 빠르고 정확하다. 이렇듯 눈으로 보는 정보에 민감한 것은 생존을 위한 시스템 덕분이다.

노벨 경제학상을 받은 대니얼 카너먼(Daniel Kahneman)의 『생각에 관한 생각(*Thinking, fast and slow*)』에서는 뇌의 정보 처리 기관을 트랙 1과 트랙 2로 나눈다. 트랙 1은 급한 정보를 빨리 처리하고, 트랙 2는 약간 느리게 정보를 분석하는 기능을 한다. 일단 '위험한 것인지, 아닌지'만 파악해야 생존을 위협당하지 않기 때문이다. 일단 위험 여부를 확인하면 어떤 문제인지는 천천히 파악하는 편이 효율적이다. 특히 눈으로 들어온 정보는 뇌의 편도체로 즉시 전달되어 감각적으로 호불호를 가른다. 사진으로 사람의 인상을 판단하거나 처음 사람을 만났을 때 느끼는 친근감도 모두 이런 시스템에 의한 것이다. 그 사람이 실제로 어떤 사람인지는 서서히 만나면서 알아가면 된다. 그러나 첫인상으로 파악한 방향에서 크게 벗어나지 않는 경우가 많다. 그래서 불필요한 오해로 불이익을 받는 희생자도 나올 수밖에 없다.

## 중요하기에 더욱 긴장되는 첫 만남

심리학에서는 먼저 제시된 정보가 나중에 들어온 정보보다 전반적인 인상 형성에 강력한 영향을 미치는 것을 '초두 효과(primacy effect)'라고 한다.

심리학자 솔로몬 애시(Solomon Asch)가 가상의 인물에 대해 묘사하는 형용사를 들려주고 그 사람이 어떤 인상인지 쓰게 하는 실험을 했다. 한 사람에게는 "똑똑하고, 근면하고, 충동적이며, 비판적이고,

고집이 세며, 질투심이 강하다"는 정보를 제시하고, 다른 사람에게는 "질투심이 강하고, 고집이 세며, 똑똑하고, 근면하며, 충동적이고, 비판적이다"라고 알려주었다. 실험 결과, 똑똑하고 근면하다는 말이 먼저 나왔을 때 피실험자는 그 인물에 대해 호의를 느꼈고, 질투심이 강하고 고집이 세다는 묘사가 먼저 나왔을 때는 부정적인 인상을 갖는 것으로 나타났다.

솔로몬 애시는 이 실험을 통해 먼저 제시된 정보가 나중에 제시된 정보보다 영향력이 강하다고 결론을 내리고, 이를 초두 효과라고 명명했다. 어떤 사안을 파악할 때 처음 주어진 정보로 맥락을 만든 후 그다음 정보는 처음 맥락에 근거해서 해석하는 경향이 있다는 말이다. 그래서 첫 번째 주어진 정보로 형성된 개괄적 인상이 이후의 정보 해석에 지속적으로 영향을 주게 된다.

생물학에서는 각인(imprinting)이라고 말하기도 한다. 동물행태학자인 콘라트 로렌츠(Konrad Lorenz) 박사는 어미와 새끼 사이에 애착 관계가 형성되는 과정을 연구하면서, 기러기 새끼가 태어나자마자 사람이든 물체든 처음 본 대상을 제 어미인 양 쫓아다니는 것을 관찰했다. 동물에게 있어서 자신의 어미라고 생각되는 대상을 쫓아가는 행동은 타고난 것이다. 어미가 먹이를 먹여주지 않으면 갓 태어난 새끼는 살아남을 수 없기 때문이다. 그래서 생명체는 처음 눈앞에 나타난 대상이 자신을 먹여 살려줄 존재라고 생각하고 그 대상에 애착하게 된다.

로렌츠 박사는 어떤 대상에게 특별한 자극을 줬을 때 효과가 극대화되는 시기를 결정적 시기(critical period)로 정의했는데, 어떤 결정적 시기에 행동을 유발할 만한 자극을 받고 나면 이것이 각인되어 일정한 행동을 하게 된다는 것이고, 그 기억은 시간이 지나도 사라지지 않는다는 것이다.

어쨌든 첫 만남에는 긴장하지 않을 수 없다. 무슨 말로 처음을 풀어나가야 할까? 이는 말과 글로 먹고사는 사람들도 마찬가지다. 소설가 헤밍웨이는 첫 문장의 어려움을 이렇게 말했다.

"나는 새로운 이야기를 앞에 두고 어떻게 시작할지 막막해지면 때로는 벽난로 앞에 앉아 작은 오렌지 껍질을 까서 불 속으로 던지며 피어나는 푸른 불꽃을 응시하곤 했다. 일어서서 파리의 지붕들을 바라보며 생각에 잠기기도 했다. '걱정 마. 넌 전에도 언제나 썼고 지금도 쓸 거야. 지금 중요한 건 먼저 제대로 된 한 문장을 쓰는 거야. 네가 아는 한 가장 제대로 된 문장을 쓰는 거야.' 마침내 나는 제대로 된 한 문장을 써냈고 거기서부터 출발할 수 있었다."

이를 소통의 관점에서 보면, 첫 문장을 쓰는 순간 존재하지 않던 문이 열리는 셈이다. 관계가 시작되는 첫 실마리를 푸는 것은 소설가가 첫 문장을 쓰는 일만큼이나 중요하고 떨린다. 첫 만남에서 만들어진 첫인상은 오랫동안 사라지지 않고 남아서 그 후의 관계에 영향을 미친다. 그래서 누군가를 처음 만나는 일은 익숙해지지 않고 긴장하게 되는 것이다. 대부분의 경험은 학습에 의해 자극에 둔감해지고 반응을 일으키려면 자극의 강도가 점차 높아져야 하지만, 통증만큼은 학습에 의해 둔화되지 않는다. 이와 비슷하게, 첫 만남에는 언제나 뾰족하고 날카로운 치통처럼 불편한 긴장감이 동반되는 법이다.

# 레퍼토리의
# 득과 실

## 대화의 물꼬 트기

책을 여러 권 쓰다 보니 강연을 할 일이 많아졌다. 학술 발표를 할 때에는 매번 새로운 연구나 기존의 이론을 설명하므로 반복할 일이 거의 없다. 그러나 대중 강연의 경우에는 같은 내용을 여러 번 반복할 수밖에 없다. 본래 같은 내용의 이야기를 또 하는 것을 썩 좋아하는 편이 아니라서 매번 새로운 이야기를 하려고 노력한다. 최근에 재미있게 읽은 책의 내용이나 경험한 이야기가 내게는 더 흥미롭고 들려주고 싶다는 욕심이 생기는 주제이지만, 실제로 대중들과 만나보면 그렇지만은 않다는 것을 알게 될 때가 종종 있다. 나는 재미있다고 신이 나서 말하는데 청중의 반응이 시큰둥하거나 교감이 느껴지지 않는다. 그럴 때 꺼내드는 특단의 조치가 있으니 바로 레퍼토리다.

예를 들어 앞서도 설명했던 탁구 이야기다. 탁구의 영어명이 뜻하는 것을 설명하며 정신과 병동이 나오는 영화마다 탁구대가 나오는 것을 상기시킨다. 환자들 때문에 탁구를 오래 치기는 했지만, 늘 받아치기 좋게 가운데로만 보내주는 똑딱이 탁구라서 친구들이나 동료들과 시합을 하면 백전백패라는 아쉬움을 토로한다. 그러면 사람들이 재미있고 흥미로워한다.

내 개인적 경험, 흔히 듣기 어려운 정신과 병동 내부의 이야기, 누구나 알고 있는 탁구를 버무려서 소통에 대한 이야기 한 자락으로 만든 레퍼토리는 여러 번 반복했기 때문에 사실 내게는 새롭고 재미있는 소재는 아니다. 그렇지만 청중과 주고받을 수 있으면서 완결성을 갖는 이야기이므로 청중의 반응도 무척 좋고, 다음의 이야기로 넘어가기도 좋다.

내게는 이런 이야깃거리들이 여러 개 있다. 개인적으로는 식상하지만 여러 번 이야기했던 것이라 잘 정리되어 있고, 반응도 확실하기 때문에 항상 머릿속 한쪽에 잘 갖고 있다가 필요할 때 꺼내 쓴다. 생각해 보면 듣는 사람들 입장에서는 처음 듣는 이야기가 아니겠는가?

말을 잘하는 사람들을 보면, 어느 자리에서나 모인 사람들의 취향이나 공통분모, 상황에 걸맞게 이야기를 풀어낸다. 그게 그들의 레퍼토리다. 누구나 노래방에 가서 분위기를 띄우는 노래, 다 같이 부르는 노래, 감상하고 경청하게 만드는 노래를 레퍼토리로 갖고 있듯이 말이다.

이렇듯 레퍼토리는 완성도가 높은 짧은 이야기 토막이라고 말할 수 있다. 레퍼토리를 다양하게 갖고 있는 사람은 어디에서든 재미있는 사람이라는 평을 듣고, 첫 만남의 어색함과 긴장감을 쉽게 해소한다.

매번 애써 이야기의 디테일을 생각해 내지 않아도 되고, 기승전결의 오르막이 명확하고, 감정 포인트와 클라이맥스, 그리고 교훈까지도 명확하니 청중의 입맛에 맞춰 약간만 가감하면 된다. 말을 하는 사람 입장에서는 말을 전달하는 데 드는 스트레스가 적고, 듣는 사람은 매우 잘 정리된 이야기라 이해하기도 좋고 기억에도 오래 남는다.


## 준비된 레퍼토리가 항상 좋은 것만은 아니다


몇 년 전, 우연히 50대 초반의 사업가와 자리를 함께한 적이 있었다. 10년 전쯤 장안을 떠들썩하게 할 만큼 성공했고, 그 후로 그 사업을 접고 다른 일을 모색하는 중이었다. 나이에 비해 활동적이고 외향적인 그는 저녁 식사를 하는 두 시간 동안 자기가 해왔던 일에 대해서 재미있게 이야기를 풀어냈다. 그의 업적과 숨겨진 비화들을 적절하게 녹여내 마치 한 편의 영화를 보는 것처럼 흥미진진했다.

비록 그의 우렁찬 목소리 덕에 머리가 멍해지기는 했지만, 참 열심히 살았고 능력도 있는 사람이라는 인상을 심어주기에 충분했다. 그래서인지 몰라도 지인을 소개시켜 달라는 그의 부탁에 몇 번 더 자리를 함께하게 되었다. 그런데 매번 그는 내게 했던 말을 토씨 하나 바꾸지 않고 똑같이 반복하는 것이었다. 그의 레퍼토리였던 것이다!

왠지 속은 느낌이었다. 나중에는 내가 대신 이야기해 주겠다고 나서고 싶을 정도였다. 그는 오랫동안 사업을 하면서 수많은 사람을 만나 왔고, 과거의 경험과 지금의 위치에 대해 불리한 것은 빼고, 좋은 것은 적당히 부풀려서 포장한 필살기 레퍼토리를 갖고 있었다. 그 덕에 지금까지 매번 첫 만남을 성공적으로 이끌 수 있었고 소기의 목적을 달성할 수 있었다. 그렇지만 반복해서 그를 만나면서 그의 진면목을 조금씩 알게 되었고, 그의 첫 만남 세트 메뉴, 즉 레퍼토리는 사실 그의 실체를 가리는 구실도 했다는 것을 깨닫게 되었다.

이렇듯 레퍼토리는 관계의 어려움이나 어색함을 뚫고 나가게 할 무기이자 스트레스를 줄여주는 좋은 도구이지만, 잘못 사용하면 도리어 신뢰를 떨어뜨릴 수 있다. 그렇다면 좋은 레퍼토리를 구성하기 위해서는 어떤 것들을 고려해야 할까?

첫째, 가능하면 자신의 실제 경험으로 구성하는 것이 좋다. 어떤 사람은 인터넷에 돌아다니는 음담패설이나 웃긴 이야기를 모아서 그것만으로 사람들의 흥미를 끌려고 한다. 가끔이야 좋지만, 사람이 가벼워 보일 것이다. 그보다 자기가 직접 겪은 이야기를 맛깔나게 엮어본다. 인생에 굴곡이 없고, 뻔하고 지루한 인생을 살고 있다고? 아침에 버스 타고 출근하다가 본 이야기나, 집에서 벌어진 작은 일상사를 자기만의 시각으로 재해석한 이야기를 사람들은 좋아한다. 또는 사람들에게 반응이 좋았던 에피소드가 있다면 잘 기억해 놨다가 조금 더 다듬어보자.

둘째, 가능하면 사실을 포함시킨다. 이야기의 신뢰도는 사실을 통해 구축해야 한다. 특히 추억을 불러일으키는 것들이면 더욱 좋다. 80년대 음악을 좋아했던 십대 시절을 이야기하면서 《월간 팝송》, 〈황인용의 영팝스〉를 예로 들거나, 90년대 중반 무선호출기와 얽힌 이야기를 하면서 사용했던 호출기의 기계명 등을 구체적으로 밝히는 것도 좋다. 연도나 단위를 정확히 찾아서 외우고 있으면 이야기에 대한 신뢰도와 몰입도가 올라간다. 드라마 〈응답하라 1997〉이나 영화 〈건축학개론〉이 큰 인기를 얻었던 이유도 디테일의 힘이 뒷받침된 덕분이다.

셋째, 어느 정도 확신을 갖고 이야기하되 '절대', '분명히', '매우'와 같은 과도한 수식어나 '글쎄', '아마도'와 같이 주저하는 듯한 애매한 표현은 바람직하지 않다. 당신이 경험하고 제일 잘 아는 내용이므로 정확하게 전달하면 된다. 강한 힘을 가진 부사나 수식어를 쓰는 것은 깨와 참기름을 지나치게 많이 뿌린 것과 같다. '내 말이 틀릴지 모르지만', '내가 아는 게 별로 없지만'과 같은 말도 그렇다.

이런 부분을 감안해서 자신만의 레퍼토리들을 만들어보자. 어느 정도 구성되면 친한 친구들의 반응을 살펴본다. 그러면서 조금씩 다듬고 고쳐나가면서 완성해 보자. 당신만의 레퍼토리가 쌓여갈수록 대화할 때 성취감을 느낄 확률은 올라갈 것이고, 소통에 대한 자신감도 높아질 것이다.

# 신뢰감은
# 어디에서 나오는가

## 영화팬을 사로잡은 목소리

예전에 극장에서 예고편을 보다가 뭔가 이상하다고 느낀 적이 있었다. 할리우드 영화 예고편의 목소리가 모두 똑같은 사람처럼 들렸기 때문이다. 특히 블록버스터 영화일수록 의심은 더해졌다. 장중하고도 낮은, 그러면서 빠른 속도로 영화를 소개하는 목소리를 듣다 보면 내용은 몰라도 왠지 영화를 보러 가야 할 것 같은 생각이 들 정도였다. 나중에 확인해 보니 생각했던 대로 대부분 한 사람의 목소리였는데, 목소리의 주인공은 돈 라폰테인(Don Lafontaine)이었다.

그는 1963년경부터 약 40년간 미국 영화계에서 예고편의 황제로 군림했다. 2008년에 타계하기까지, 많을 때에는 하루 25편까지도 녹음했고, 대개 일주일에 60~80편을 녹음했다고 한다. 영화사에서 그에게 예고편의 녹음을 맡긴 이유는 깊게 울리는 장중한 목소리가 관객들에게 신뢰감을 주기 때문이었다. 수천만 달러를 들인 영화일수록 영화를 보고 싶게 만드는 것이 중요할 테니, 영화사에서 그를 애지중지한 것도 이해할 만하다. 사람들은 검증되지 않은 신인을 기용하느니 믿을 만한 사람에게 돈을 더 주고라도 일을 맡기는 편이 낫다고 판단하는 경향이 있다. 이를 일컬어 '라폰테인 효과(LaFontaine effect)'라고 부르기도 한다.

목소리의 톤 자체가 주는 신뢰감은 영화뿐 아니라 정치판에서도 빛을 발한다. 스탠퍼드 그레고리(Stanford Gregory)와 티모시 갤러거(Timothy Gallagher)는 1960년 이래 실시된 여덟 번의 대통령 선거 기간 중 후보 토론회의 목소리를 분석했다. 각 후보자 음성의 '기본 주파수'를 측정한 결과, 선거 후보들 중 가장 장중한 목소리를 가진 후보가 일반 투표에서 최다 득표를 했다는 사실을 밝혀냈다.

TV 토론의 최대 수혜자는 존 F. 케네디다. 그는 리처드 닉슨과의 TV 토론회에서 젊은 이미지를 부각시키고, 당시 정치인에게는 익숙하지 않았던 메이크업까지 했다. 그래서 경직돼 보이며 노회함이 그대로 드러난 닉슨과 차별화했다. 닉슨도 40대 후반의 젊은 나이였는데 말이다. 이 전략이 꽤 효과적이라는 사실이 밝혀지고 난 후로는 미국뿐 아니라 전 세계적으로 선거 전 TV 토론이 후보의 공약만큼 중요해졌다. 배우였던 로널드 레이건이 대통령이 된 것도 목소리 덕분이 아니었을까?

예전에 유명한 외화 시리즈 〈맥가이버(MacGyver)〉를 성우 배한성의 목소리로 즐겼더니, 몇 년 후 외국 방송에서 맥가이버 역의 리처드 딘 앤더슨의 실제 목소리를 들었을 때 처음에는 그가 아닌 줄 알았다. 배한성의 목소리가 맥가이버의 캐릭터를 훨씬 잘 반영하는 것 같았다. 오히려 진짜 맥가이버 목소리는 신뢰감이 없어서, 미션에 실패할 것 같은 불안감마저 엄습했다. "할아버지께서 말씀하셨지" 하는 맥가이버 특유의 내레이션은 배한성의 목소리여야 더 신뢰감 있게 들렸다. 그것이 내게 각인된 맥가이버의 이미지였다. 이처럼 말의 내용만이 신뢰감을 주고 상대방의 성격적 특성을 나타내며 설득력을 발휘하는 것이 아니며, 목소리의 톤과 성량, 음조도 많은 영향을 끼친다.

그래서 목소리가 얇고 톤이 높은 사람들은 신뢰받지 못하는 경향이 있고, 허스키하고 너무 낮은 톤으로 말하면 위협하는 것 같은 인상을 줄 수 있다. 그러므로 자신의 목소리가 가진 장단점을 파악하고, 단점을 고치기 위해 노력해야 한다.


## 말투가 만드는 큰 차이

어떤 사람이 어떤 톤으로 말을 시작하고 마치는지 관찰하는 것도 중요하다. 같은 내용을 이야기하더라도 말하는 톤에 따라 의미가 달라지기 쉽다. 옷을 샀는데 하자가 있어서 환불을 하러 갔다고 하자. 점원은 구매한 후에 옷을 입어보다가 파손된 것은 아닌지 물었다. 그래서 "그건 아니고요, 집에서 한 번 입어본 건데 어떻게 긁힐 수 있겠

어요"라고 대답했다. 그런데 단호하지 않은 말투인 데다 말꼬리가 내려
간다면? 왠지 거짓말하는 것처럼 들리거나 진실성이 떨어지며, 말하
는 사람도 확신을 갖지 못한다는 인상을 주기 쉽다. 이에 반해 "그렇게
말하면 안 되죠! 딱 한 번 집에서 입어보고 바로 알았는데!"라고 말하
면 단정적인 이미지를 준다. 확신이 있고 타협의 여지가 없는 단호함
이 느껴진다면, 원하는 대로 환불받을 수 있을 것이다. 그렇지만 친구
사이에 작은 오해를 푸는 과정이라면? 내가 피해를 입었고 상대가 잘
못했더라도, 항상 후자의 태도를 취하는 사람이라면 "나는 더 이상 너
와 오해를 풀 것이 없으니, 누가 맞고 틀렸는지에 대해서만 이야기하
자"라는 메시지가 말하려는 내용보다 먼저 전달되어 이야기하고 싶지
않을 것이다. 그러나 전자의 태도라면 처음에는 격앙된 감정이 누그러
진 듯한 느낌을 주기 때문에, 서로 양보하고 화해하고 싶어질 것이다

　두 가지 태도 모두 일장일단이 있고, 어떤 상황에 어떻게 쓰냐에 따
라 독이 될 수도, 약이 될 수도 있다. 그러니 상황에 따라 다양하게
말하는 것이 좋은데, 안타깝게도 사람들은 대부분 익숙한 방식대로
만 말하는 경향이 있는 데다 자신이 어떻게 이야기하는지 잘 인식하
지 못한다. 특히 평소 일할 때 사용하는 말투라면 더욱 그러하다. 목
사, 교사, 유치원 선생님들의 경우 특징적인 말투로 사람을 대하는데,
공적인 상황뿐만 아니라 사적인 상황에서도 그러하다. 코미디 프로그
램에서 이를 패러디해 웃음을 이끌어내기도 하지만, 실제로도 드물지
않게 일어난다.

메시지도 포장이 필요하다

　사람의 목소리는 지문과도 같다. 사람은 각기 다른 음성기관, 언어 습관, 감정을 가지고 있기 때문에 개인마다 독특한 음성을 가지고 있다. 그래서 음성 파동의 특징을 분석하고 시각화하는 것을 성문 분석이라고 한다. 〈CSI〉와 같은 수사 드라마에서도 자주 볼 수 있는데, 음성 녹음된 자료와 동일인인지 여부를 가리는 데 효과적이다. 우리나라에서도 1987년부터 범죄 수사에 적용하기 시작했다. 이 분석은 무척 정확해서 분석 결과로 동일인이라고 지목한 경우 틀릴 확률은 10만 분의 1에 불과한데, 일란성 쌍둥이와 같이 성문의 차이가 없는 특수한 경우뿐이라고 한다. 공명 주파수, 음성의 세기, 성대의 진동 형태, 음의 높낮이와 억양, 발음의 지속 기간, 자음 스펙트럼의 변화가 모두 분석 대상이 된다.

　이러한 차이는 일정한 특성을 드러내며, 감정적인 선호도에도 영향을 미친다. 한 이비인후과 전문의는 "보통 남성의 목소리는 100~150헤르츠 정도의 주파수를 갖는데, 중저음의 목소리는 90~100헤르츠"라며, "이병헌, 송중기, 류승룡처럼 중저음인 데다 화음이 풍부해서 맑게 진동하는 목소리는 신뢰감과 권위를 주고, 높고 가는 모기 목소리보다 매력적으로 들릴 수 있다"고 말했다.

　특정한 주파수에 속하면서 공명을 주고 복식호흡으로 편한 울림이 있는 목소리가 신뢰감을 준다는 것이다. 이병헌은 최근 자동차 회사의 캠페인 광고에서 목소리 내레이션을 맡기도 했다. 이 차가 안전하고, 가족을 생각하고, 믿을 만하다는 이미지를 전달하기 위해서다.

목소리의 톤뿐만 아니라 높낮이도 중요하다. 같은 사람이라도 감정의 기복에 따라 목소리가 달라질 수 있다. 민감한 주제를 두고 다툴 때 목소리는 고조되며, 화가 나면 커지고 빨라지기도 한다. 반면 슬플 때에는 평소보다 말투가 부드러워지고 느려지는 경향이 있다. 목소리의 높낮이와 말의 내용이 조화를 이룰 때 의미는 훨씬 효과적으로 전달된다.

대화할 때 말하고자 하는 내용에 맞추어 목소리의 톤이나 높낮이를 조절하는 것은 선물의 내용과 포장이 조화를 이루게 하는 것과 마찬가지다. 또한 대화할 때 상대방의 목소리에 귀를 기울여서 상대방의 의중을 헤아려야 한다.

물론 목소리는 크게 바뀌지 않는다. 그러나 훈련하면 어느 정도 변화를 줄 수 있다. 전문가들은 천천히 호흡하는 버릇을 들이거나 성대를 이완시키는 등의 방법을 제시하기도 한다. 무엇보다도 목소리의 포장이 중요하다는 사실을 인식하고, 그동안 성의 없이 되는대로 포장해서 남에게 전달했음을 깨닫는 것이다.

작은 선물이라도 정성껏 포장하면 받는 사람은 기쁘다. 목소리 톤의 높낮이를 조절하면 자신의 의중을 훨씬 효과적으로 전달할 수 있을 뿐 아니라, 상대방도 내가 전하는 메시지를 훨씬 더 정확하게 이해할 수 있다. 듣기 싫은 감정부터 생겨서 귀를 막는 일은 없을 것이다. 사기꾼이나 성공적 마케터 중에 목소리나 말버릇이 나쁜 사람은 없지 않은가?

# 관성과
# 임계 이론

## 세 살 버릇 여든까지 간다

똑같은 말이라도 어떤 사람은 예쁘게 말하고, 어떤 사람은 밉게 말한다. 같은 내용을 같은 의도로 전달하더라도, 말을 던지는 톤이나 목소리의 크기, 표정과 같은 미묘한 차이가 듣는 사람의 마음을 기쁘게 할 때도 있고, 기분 나쁘게 할 때도 있다. 자신의 말버릇이 인간관계에 나쁜 영향을 미친다는 것을 알아차려도 고치기가 참 힘들다.

내게도 독특한 말버릇이 있다는 것을 한참이 지난 다음에야 알아차렸다. 몇 년 전, 라디오 방송에 출연했던 적이 있다. 보통은 생방송이라 내가 나온 방송을 들을 일이 없는데, 그날은 녹음 방송이라 집으로 가는 길에 차에서 듣게 되었다. 자신의 목소리를 스피커를 통해 들으면 묘한 기분이 든다. 소리 울림의 전달 경로가 다르기 때문이다. 그런데 방송을 들으면서 얼굴이 불끈 달아올랐다. 10여 분 정도 말을 길게 할 때 말과 말 사이 생각을 정리하는 동안 나도 모르게 "음" 하고 소리를 내는 버릇이 있었기 때문이다. 말을 할 때 숨을 쉬면서 문장과 문장 사이를 자르는 것도 자연스럽지 않게 들렸다. 그때까지는 알지 못했던 버릇이었다. 집에 와서 내게 그런 버릇이 있는지 알고 있었느냐고 아내에게 묻자, 아내는 나를 빤히 쳐다보면서 "몰랐어요?"라고 도리어 되묻는 것이었다.

그 후로 말버릇을 고치려고 무던히도 애를 썼다. 그런데 "음" 하는 소리를 내는 버릇이 쉽게 고쳐지지 않았다. 그 소리를 내지 않으면 불안하고 어색하게 느껴져, 몇 년이 지나서야 겨우 고칠 수 있었다. 그만큼 말버릇이라는 것은 한 번 굳어지면 쉽게 고쳐지지 않으며 무의식적으로 사용하게 되므로 주의를 기울여야 한다.

말버릇은 언제부터 형성되는 것일까? 사람이 태어난 후 13~20개월 사이에 뇌는 단어에 잘 반응하도록 특화되고, 스폰지가 물을 흡수하듯 새로운 단어를 빨아들인다. 50개 단어를 배우는 순간 어휘력은 폭발적으로 증가해서 매일 여덟 단어씩 늘어나고, 여섯 살이 되면 1만 3,000개의 단어를 이해할 수 있다. 그리고 6~7세 이전에 대부분의 문법을 배운다. 그래서 이 시기를 언어 학습의 결정적 시기라고 한다. 언어를 이용한 소통과 교감의 기본적인 버릇은 이때 형성된다. 그리고 이때 만들어진 버릇은 일생에 중대한 영향을 미친다. 또한 어릴 때 생긴 버릇일수록 고치기가 어렵다.

## 성격을 알려주는 말버릇

사람들은 "왜 그래?", "절대 그럴 리 없지", "그런 것도 몰라?"와 같이 자신도 모르게 무심코 사용하는 말, 또는 어떤 말을 들었을 때 조건반사적으로 내뱉는 몇 가지 말투를 지니고 있다. 운동선수들이 반복적으로 훈련하고 군인들이 전시 상황을 가정하고 준비하는 이유는 어떤 상황에서든 자동적으로 반응하도록 하기 위해서인데, 말은 거의 반사적으로 튀어나오는 경우가 많다. 그래서 의도하지 않게 상대의 마음에 상처를 주기도 한다. 나도 모르게 튀어나오는 습관적인 말들은 수십 년 동안 머릿속에 기본적인 레퍼토리로 장착된 것들이다.

그래서 별생각 없이 말을 내뱉고 나서야 뒤늦게 수습하는 경우가 있다. 한 번 그런 일을 경험하고 나면 적극적으로 그런 습관을 고치기 위해 노력해야 하는데, 쉽지가 않다. 상황에 직면하면 자신도 모르게 반사적으로 튀어 나가기 때문이다. 코를 후비거나 손톱을 깨무는 행동만이 버릇은 아니다. '말투' 역시 버릇으로 굳어진 것이므로, 사람의 성격과 스타일을 형성하는 데 무척 중요한 역할을 한다.

사람마다 지닌 말버릇이 모두 다른 것은 그 사람의 성격과 심리 구조에 기인하고 있다. 그래서 말버릇을 분석하고 분류해 보면 대략 몇 가지 범주로 추릴 수 있다. 그중에서도 자신의 자존심을 지키기 위해, 혹은 실수를 감추기 위해 방어적으로 내뱉는 습관적인 말은 사람과의 관계에 나쁜 영향을 미친다. 고슴도치가 뾰족한 털을 곤추세우듯 방어적으로 튀어나오는 말은 당장은 나를 지켜줄지 모르지만, 결국 상대방의 자존심을 건드려서 상대방도 똑같은 방식으로 대응하게 만든다. 버릇은 자동적인 반응이라서 때로는 애써 신경 쓰지 않아도 상황에 대처하도록 해주는 편리함이 있지만, 적합하지 않은 상황에서도 튀어나오는 습관적인 반응은 제어하기 어렵다는 단점도 있다.

## 관성에 대한 저항

모든 습관의 핵심에는 관성의 법칙이 있다. 관성이 생기면 편하다. 하지만 관성의 지배하에 놓이면 그 버릇이 잘못된 것을 알아도 쉽게 고치지 못한다. 관성은 방향을 유지하려는 힘이 강력하기 때문이다.

몇 년 전에 주요 도로의 신호 체계가 '좌회전 후 직진'에서 '직진 후 좌회전'으로 바뀌었다. 맨 앞에서 좌회전을 기다리다가 반대편 신호가 바뀌어 무심코 출발해 사고가 날 뻔한 적이 한두 번이 아니었다. 또 다른 예로 에스컬레이터 두 줄 타기 캠페인도 그렇다. 서서 갈 사람이 오른쪽에 서고 빨리 갈 사람은 왼쪽으로 걸어가는 문화가 안착되어 있었는데, 에스컬레이터에서 움직이는 것이 위험하다는 이유로 한국 승강기안전관리원에서 두 줄 타기 캠페인을 벌였다. 하지만 쉽사리 바뀌지 않아서 혼란만 가중되었다. 왼쪽 줄에 서면 서 있기도 불안하고, 걸어가겠다고 앞 사람에게 비키라고 하기에도 난감했다.

이런 변화에 빨리 적응하지 못하고 매번 실수하거나 깜짝 놀라는 일이 반복되면 "뭣하러 바꿔서 사람 헷갈리게 해?"라며 투덜거리게 된다. 이제 나이가 들어서 그런 것은 아닌가 하는 자괴감마저 몰려온다. 그렇지만 나 혼자만의 문제는 아니라는 것을 주변 사람들과 대화하면서 발견하고는, 물리학에서 배운 관성의 법칙이 사회 환경의 변화에도 예외 없이 작용한다는 생각이 들었다.

멈춰 서 있던 물체를 처음 움직이게 할 때 에너지가 가장 많이 든다. 물리학에서는 '최대 정지 마찰력'이라고 한다. 처음으로 무엇을 시작할 때와 마찬가지로 관습을 만들 때에도 힘이 많이 든다. 그러나 한번 탄력이 붙으면 관성 덕분에 적은 에너지로도 계속 앞으로 나아가게 된다. 탄력이 붙은 운동 방향을 갑자기 바꾸려 들면 무리가 따르거나 많은 에너지를 소모하게 되는데, 특히 사회적 관습으로 굳어진 것이라면 더욱 그렇다. 내가 최근의 변화에 적응하면서 겪은 어려움과 긴장감이 관성에 대한 저항이었던 셈이다.

관성에 대한 저항은 왜 변해야 하는지 이해하지 못하거나, 어느 날 느닷없이 변화되거나, 변화로 인한 이득을 체감할 수 없는 경우 더욱 강해진다. 사회적 변화가 정착되는 속도는 절박함이나 당위성만큼이나 그로 인해 얻을 수 있는 개개인의 이득이나 편의에 의해 영향을 많이 받는다. 평소 모두가 불편해하던 시스템이 사람들이 바라던 대로 바뀐다면 모두들 환영하며 솔선수범해서 변화에 동참할 것이고 새로운 문화는 곧 자리를 잡을 것이다. 그런데 신호 체계의 변화나 우측통행, 에스컬레이터 두 줄 타기의 효율성이나 절박함은 내게 전혀 와 닿지 않았다. 왜 변화해야 하는지 가슴으로 느끼는 과정이 있어야만 이 관성의 힘을 꺾고 새로운 방향으로 나아갈 수 있다.

음악이나 운동을 가르치는 사람들은 나쁜 버릇이 든 경험자보다는 차라리 비경험자를 가르치는 편이 낫다고 말한다. 최근 유행하는 오디션 프로그램을 보면 시청자인 내가 보기에는 아주 노래를 잘하는 듯한 도전자가 심사위원들에게 가혹한 비판을 받고, 특별히 노래를 잘하는 것 같지는 않지만 목소리가 신선한 도전자는 모든 심사위원들의 칭찬을 듣곤 한다. 나로서는 이해하기가 어려웠다. 그런데 심사위원이 전자에게 유명한 가수의 노래를 따라 하다 보니까 좋지 않은 버릇이 많이 들어 있어서 고치기가 쉽지 않을 것 같다고 말했다. 반면에 후자에게는 한 번도 음악을 정식으로 배운 적 없는 것이 도리어 장점이며, 맡아서 가르쳐보고 싶은 욕심이 나는 재목이라고 이야기했다. 노래를 잘하는 것 같은 도전자는 탈락하고 말았다. 전문가가 보기에 이미 자기만의 버릇이 들어버린 상태에서는 더 이상의 발전을 기대하기 어렵고 버릇을 쉽사리 고치기가 어려울 것이라 판단했던 것이다.

이는 소통의 관점에서도 마찬가지다. 나쁜 버릇이 들어버리면 관성의 힘에 의해 쉽사리 고치기가 어렵다. 차라리 버릇이 없는 편이 훨씬 낫다. 한번 정착한 버릇을 고치려면 왜 고쳐야 하는지 절실하게 깨달을 만한 일이 있어야 한다. 상실의 아픔, 첨예한 갈등, 후회할 만한 상황을 겪고 나서야 고쳐야겠다고 느끼는 것이다. 하지만 결심은 작심삼일이기가 쉽다. 그래서 대인관계에서 갈등은 지속되고 반복된다. 이 악순환을 끊기 위해서는 내 버릇이 무엇인지부터 파악하고 조금씩 고치기 위해 노력해야 한다. 관성적 힘의 변화는 속도를 늦추는 것에서부터 시작한다.

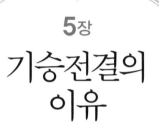

# 5장

# 기승전결의
# 이유

—

## 당신은 좋은 대화상대입니까?

❝ 좋은 대화상대가 되려면 상대와 눈을 잘 맞추는 것이 우선이다. 적당히 눈을 맞추며 상대에게 당신이 소통의 스위치가 켜져 있는 상태임을 알린다. 그리고 일단 고개를 끄덕이면서 "아, 그랬군요"와 같이 말한다. 그의 말을 잘 정리해서 되돌려주며 "그러니까 이런 얘기였죠?"라고 묻는다. 상대는 당신이 열심히 들어줬을 뿐 아니라 내용까지 잘 이해하고 있다고 만족할 것이다. 들을 때는 듣는 것에만 집중한다. 내가 하려는 말을 신경 쓰다 보면 상대가 하는 말을 듣거나 이해하지 못한다. 한두 마디에 사로잡혀서 전체를 놓치지 말아야 한다. 대화의 전체적 흐름도 중요하다. 내용만큼 중요한 것이 내 목소리의 톤과 음량, 그리고 나의 제스처다. 혹시 "음……", "엄……" 같은 말버릇이 있거나, 목소리의 톤이 지나치게 높아 거슬리지는 않는지 가끔은 자기가 한 말을 녹음해서 들어보는 것도 좋다. ❞

# 킹 목사의 목소리

## 디자인이 중요한 세상

국산 휴대전화가 대세였던 우리나라에 애플 사의 아이폰이 상륙하자, 단숨에 시장을 휩쓸어버렸다. 나 또한 아이폰을 구입해서 꽤 오랫동안 사용했다. 시스템을 동기화시키기 위해 아이튠즈 앱을 깔고 계정을 만드는 과정이 복잡해서 배우기 힘들었다. 평소 같으면 짜증을 냈을 법한데 꾹 참고 인터넷으로 검색해서 방법을 찾아내는 내 모습에 스스로도 놀랐다. 한번 애플의 세계에 입문하고 나자, 노트북 컴퓨터도 맥북으로 교체했다. 워드프로세서, 파워포인트 등의 프레젠테이션 프로그램이 호환되지 않는데도 맥북에어를 덜컥 구입한 것이다. 하물며 인터넷뱅킹을 하기도 어려운데 말이다. 그런데도 들고 다니면 괜히 기분이 좋고, 더욱이 카페 같은 데서 작업한답시고 노트북을 펼쳐 놓으면 왠지 사람들이 부러워하는 것 같았다. 그러니 불편해도 애플 제품을 고수하지 않을 수 없었다.

기능이 엄청나게 뛰어난 것도 아니어서 하드웨어의 사양이 국산 IT 제품을 따라잡을 수 없었다. 그런데도 일명 '애플빠'가 늘어나는 이유 는 바로 '디자인'의 힘이다. 평소에 합리적으로 소비하던 사람이 왜 비 싸고 불편한 제품을 사는지 묻는다면, 십중팔구 디자인이 예쁘고 갖 고 다니면 기분이 좋아지니까 사양이나 가격 차이는 감수할 수 있다 고 대답할 것이다.

이처럼 소통에 있어서도 디자인과 겉포장이 중요하다. 누구나 어떻 게 하면 멋진 말을 할지 고민한다. 상대방의 기억에 남을 만한 말, 한 마디로 상대를 설득할 수 있는 잘 갈고닦은 말, 나의 진심을 이해시키 면서도 상대방의 마음 깊숙이 닿을 만한 말이 무엇인지 고민한다. 그 런데 대부분의 사람들은 말의 내용을 고민하는 데 비해 말을 어떻게 전달할 것인지에 대해서는 깊게 생각하지 않는다.

오래 알수록 훌륭한 성품에 지식이 풍부한 사람임에도, 대화를 하 면 왠지 불편하고 신경이 거슬려 그가 하는 말은 받아들이기가 쉽지 않은 사람이 있다. 혹은 "편안하게 생각하고 들어요"라고 말하는데, 말 투나 목소리의 톤은 초조하고 불안하게 느껴진다면? 편안히 들으라고 하는데도 절대 편안해지지 않는다.

이렇게 겉포장 때문에 내용물의 의미가 퇴색하거나, 소통의 효율성 이 떨어지는 경우가 종종 있다. 그리고 대화가 만족스럽지 못하게 끝나면 겉포장의 소홀함에는 눈을 돌리지 못하고 무슨 말을 잘못했는지, 상대방의 말을 제대로 듣지 못한 것은 아닌지 걱정한다.

좋은 관계를 맺는 것은 진심을 담아 전달하려는 노력에서 시작된다. 그렇지만 아무리 좋은 의도를 갖고 상대방을 배려하며 대화하려 해도, 그 효율성과 만족도가 어느 순간 벽에 부딪힌다면 겉포장에 문제가 있지는 않은지 의심해 봐야 한다.


## 질적인 차이가 필요하다

중진국에서 선진국으로 도약하고 중저가 상품에서 일류 브랜드로 거듭나는 데는 2퍼센트의 차이가 필요하다고 한다. 수치로만 보면 얼마 되지 않는 듯하지만, 2퍼센트의 벽을 인식하고 뛰어넘지 못하면 절대로 최고가 될 수 없다는 점에서 결코 무시할 수 없는 절대적 차이라고도 할 수 있다.

이렇듯 위로 올라갈수록 보이지 않는 '질(quality)의 차이'라는 벽을 뛰어넘기가 좀처럼 쉽지 않다. 60점을 받던 학생이 80점대를 받기란 어렵지 않다. 그러나 90점 이상을 받는 우등생의 대열에 끼는 데에는 분명히 질적으로 다른 노력이 필요하다.

이제 대화에서 어떤 말을 전달해야 할지, 상대방을 어떻게 대해야 할지 대충 감을 잡았다고 생각해 보자. 그러면 평균 80점대에 도달한 셈이다. 하지만 그것으로는 충분하지 않다. 왠지 모를 아쉬움이 남아 있다. 그 아쉬움을 불식시키고 다음 단계로 넘어갈 수 있는 가장 빠른 길은 대화의 디자인을 면밀히 평가해 보는 것이다.

음식도 그렇다. 배가 고프면 저렴하면서 양이 푸짐한 것이 최고다. 그러다가 몸에 좋은 음식을 찾는다. 그래서 유기농 채소, 농장에서 방목해서 키운 토종닭을 먹으려 한다. 세 번째 단계에 이르면 어떻게 데코레이션을 하고 어떤 그릇에 담아 내놓는지도 본다. 같은 음식이라도 예쁘게 담아서 내놓으면 보는 것만으로도 기분이 좋아지기 때문이다.


## 자신만의 말버릇과 리듬 찾기


어릴 때 영어는 한 마디도 알아듣지 못했지만, 가끔 AFKN에 채널을 고정시키곤 했다. 언젠가 어떤 사람이 많은 사람들 앞에서 연설하는 다큐멘터리 필름이 방영되고 있었다. 나도 모르게 채널을 멈추고 내용은 하나도 모르면서 그냥 듣기만 했다. 그런데 나도 모르게 그 목소리와 리듬에 빨려들었고, 그의 감정이 내게 전해지는 것만 같았다. 우스운 말일 수도 있지만, 그가 하는 말이 무엇이든 간에 무조건 믿고 싶은 마음까지 들었다. 끝날 때쯤 자막을 읽고서야 그가 누군지 알 수 있었다. 바로 마틴 루터 킹 목사였다.

연설의 내용을 못 알아들음에도 감동한 것은 분명 목소리의 리듬과 톤에서 뭔가 다른 점을 느꼈기 때문이다. 그는 타고난 연설가였다고 한다. 그의 목소리는 설득력이 있었으며, 어조는 적절한 리듬을 탔다. 기분 좋게 리듬을 타며 근사하게 이야기하는 사람을 보면 괜스레 기분도 좋아지고 내용도 귀에 쏙쏙 들어온다.

우연히 아나운서가 라디오 뉴스를 준비하는 모습을 지켜본 적이 있다. 그런데 대본을 미리 읽어보면서 문장과 문장 사이에 빗금을 그었다. 왜 그런지 물어보았더니, 자연스럽게 리듬을 타며 읽기 위해 미리 어디에서 쉴지 표시해 놓는다는 것이었다. 방송이 시작되고 실제로 뉴스를 읽는 것을 보자, 물 흐르듯이 자연스럽게 들리면서 내용의 전달에도 무리가 없었다.

이에 반해 우리는 말을 하는 동안 호흡을 놓칠 때가 많다. 이런 상황이 여러 번 반복되면 듣는 사람은 불안해지고, 언제 끊어질지 모르는 흐름 때문에 내용에 집중하기 어렵다.

누구에게나 자신만의 말버릇이 있고 그에 따른 독특한 리듬이 있다. 그래서 말의 내용을 알아듣지 못하더라도 말하는 사람이 누구인지는 식별할 수 있다고 한다.

제2차 세계대전 때, 영국군은 독일군의 최신 암호를 해독하지 못해 고심했다. 그래서 도청하는 사람들을 모집하여 독일군의 모스부호를 채집해 분석하게 했다. 오랫동안 노력했지만 도청하는 사람들은 독일군의 복잡한 암호 체계를 깨지 못했다. 그렇지만 헛된 노력만은 아니었다. 내용은 알 수 없었지만 모스부호를 타전하는 병사의 송신 리듬의 특징을 잡아낼 수 있었고, 모스부호를 치는 버릇을 통해 내용은 전혀 몰라도 누가 그 메시지를 전달했는지는 알 수 있게 된 것이다. 덕분에 모스부호를 치는 지역을 알아냈고, 그가 속한 부대가 어디에서 어디로 이동했는지 확인할 수 있었다. 예를 들어 어떤 무선 전신수가 피렌체에서 무선을 송신한 뒤 3주 후 오스트리아 린츠에서 송신하면 그의 부대가 이동한 것이었다. 그 정보를 바탕으로 영국군은 전에 비해 훨씬 효율적으로 전략을 세울 수 있었다.

이와 마찬가지로 말을 할 때면 자신도 모르게 습관적으로 사용하는 말버릇이나 독특한 리듬이 있다. 말꼬리를 길게 늘이는 버릇이라든가, 중요한 말을 하고 나면 동의를 구하기 위해 "그렇지요?"라는 의문문을 사용하는 버릇이라든가, 끊을 듯 끊지 않으며 마지막 호흡에서 다시 말을 이어가는 버릇 등등, 그 모든 것이 나만의 리듬을 만들어내는 말버릇이다.

규칙적인 패턴을 갖는 리듬은 대체로 신뢰감을 주지만, 중요한 부분을 강조할 때 호흡을 약간 불규칙하게 하면 음악의 당김음(syncopation)과 같은 역할을 해서 오히려 효과적일 수도 있다. 그러나 대부분의 사람들은 자기의 리듬이 어떠한지 잘 알지 못한다. 몸에 익은 버릇이기 때문이다. 자신이 숨을 쉬는 것을 의식하기 시작하면 숨 쉬기가 괴로워지듯 말버릇도 의식하면 말하기가 힘들어진다.

이런 버릇은 일상적인 소통에서는 큰 문제가 되지는 않지만, 자신의 말버릇이 무엇인지 알아두는 것이 좋다. 친구와 대화하는 것을 5분 정도 녹음한 후 다시 한 번 들어보면서, 내용보다 리듬에 귀를 기울여보자. 이때 말의 내용보다는 리듬과 흐름이라든가, 숨을 어디에서 멈추는지, 필요 없는 소리를 내고 있는지, 입맛을 다시지는 않는지, 이런 부분만 집중해서 들어본다. 분명히 남이 말할 때에는 거슬렸던 면을 자신의 말투에서도 발견할 수 있을 것이다. 평소 내가 하는 말의 내용이 제대로 전달되지 않는 것 같아 속상해하는 일이 많았다면 전달 방식의 포장이나 마무리에 대해서도 고민해 볼 필요가 있다. 상점에서 물건을 고를 때 같은 상품이라고 해도 이왕이면 잘 진열되어 있고 포장이 꾸겨지지 않고 디자인이 예쁜 제품을 고르는 것이 인지상정이다. 같은 말을 들을 때에도 잘 포장된 말이 귀에 더 잘 들어오게 마련이다.

# 거래의 원칙

## 소통은 주고받음이다

　김 대리는 선배인 박 대리가 금요일 오전에 갑자기 다가와서 이번 토요일에 바쁜지 묻자, 가슴이 철렁 내려앉는 기분이었다. 아직 특별한 약속이 없다고 대답했더니, 주말에 있는 회사 전시회에 대신 지원을 나가달라며 부탁했다. 박 대리의 여자친구가 몰래 공연 티켓을 예매했는데, 안 가면 후환이 두렵다는 평계였다. "김 대리는 아직 연애 안 하지? 나중에 연애하면 내가 팍팍 밀어줄게"라고 넉살을 떠는 박 대리를 보며, 김 대리는 저번에도 이런 식으로 일을 떠넘긴 기억이 났다. 김 대리는 '또 당했구나' 하는 기분이 든다. 옆 자리에서 둘의 대화를 지켜보던 미영 씨는 혀를 끌끌 차며 김 대리를 한심하다는 듯이 쳐다봤다. 사람 좋은 것은 알겠는데, 매번 그렇게 퍼주기만 하는 사람은 실속이 없다고 지난 회식 때 그리 말했건만…….

소통은 주고받음이다. 흐름이 있고 리듬을 만든다. 이때 뭔가 실체가 있는 것을 주고받기도 하고 가치의 주고받음 속에 거래가 일어난다. 10만큼의 가치를 건네주고 정확히 10을 돌려받는 식으로 똑 떨어지게 거래한다면 문제는 없을 것이다. 또는 쌀 한 가마는 옷 한 벌과 같다는 식의 원칙이라도 정해져 있다면, 거래는 훨씬 편해질 것이다. 그러나 소통의 거래는 원칙도 모호하고, 눈에 보이는 것도 없다. 마치 선물 거래로 수십억 달러의 돈이 계좌를 타고 전 세계를 오가는 것과 같다. 어느 한쪽은 하루아침에 거부가 되고, 다른 한쪽은 그 흐름에 휩쓸려 파산하게 되는 무형의 거래가 하루에도 수백만 번은 일어나는 것이 사람 사이의 의사소통이다.

평소에는 내가 더 가질 수도 있고 저쪽에 더 줄 수도 있지 하는 편안한 마음으로 관계를 유지하지만, 어느 순간 머릿속의 장부를 정리해야겠다는 생각이 들면 마음이 복잡해진다. 아무리 생각해도 마이너스 인생이라는 결론을 내리게 되기 때문이다.

거래는 수지를 맞추기가 힘들다. 길게 보면 본전일 수도 있지만, 어느 시점을 중심으로 정산해 보면 흑자이거나 적자처럼 보인다. 적자 판정을 내리는 순간, 곧 피해의식이 발동한다. 그리고 '왜 이리 예민하게 굴지? 그와 꽤 오래된 사이인 것 같은데?'라는 생각이 드니 인생을 헛산 것같이 느껴진다.

그래서 지금이라도 늦지 않았으니 손해 보는 사람과는 그만 만나야겠다고 생각하지만, 실천으로 옮기기가 쉽지 않다. 상대와의 관계를 개선하거나 방법을 변화시킬 엄두도 내지 못한다. 그동안 투자한 것이 워낙 많다 보니 본전 생각이 난다. 지금 관계를 끊었다가는 그나마 투자했던 것의 본전은커녕 푼돈도 못 건지고 전액 손실로 기록할 판이다. 그만큼 매몰 비용(sunk cost)은 사업뿐 아니라 사람과 사람 사이의 관계에서도 애물단지로 작용한다. 파산 선고를 하지 않는다면 적자여도 할 수 없이 사업을 유지해야만 한다.

한편, 친구가 그만 만나자고 할까 봐 부당한 요구를 거절하지 못하고 질질 끌려가며 만남을 이어가는 사람이 있다. 또 그동안 자기가 해준 일도 많고 정성을 쏟았는데, 막상 작은 부탁을 했을 때 거절당해서 서운해하는 경우도 있다. 그럴 때 소통의 적자 인생, 파산 선고에 대한 두려움이 엄습한다.

그렇다고 소통을 흑자로만 유지하면 인간관계에 이득일까? 당장은 좋을 수 있다. 하지만 주는 것 없이 바라기만 하는 사람, 이기적인 사람이라는 평판을 듣게 될 수 있고, 반대로 이기적으로 보일까 봐 도리어 좌불안석인 사람도 생긴다. 또 내게 잘해주기만 하는 사람도 부담스럽다. 그냥 평등하게 주고받는 관계라면 좋겠는데, 상대가 너무 잘해 줘도 썩 내키지 않는 것이다. 이런 경우 마음속에서는 언젠가는 갚아야 하는 빚으로 남는다. 항공사의 마일리지나 신용카드 회사의 포인트는 회사 입장에서는 언젠가는 고객에게 돌려줘야 할 부채로 장부에 잡힌다. 누가 주는 호의 역시 마음속 장부에서 부채로 계산된다. 그러므로 대개는 서로 동등하기를 바라는 마음이 선물을 받거나 내 마음의 계정이 흑자로 유지되는 것보다 우선한다.

조지 메이슨 대학의 버넌 스미스(Vernon Smith) 교수가 이런 실험을 했다. 100명의 학생에게 100달러씩 나눠주고 돈을 그냥 갖거나 모르는 사람에게 주라고 지시했다. 만일 자신이 갖지 않고 처음 보는 사람에게 100달러를 주면 연구자는 학생이 100달러를 준 그 사람에게 300달러를 더 주기로 했다. 그러니 그 사람은 졸지에 400달러의 공돈이 생기는 셈이었다. 그러면 400달러를 받은 사람은 받은 돈을 다 가지든지, 고마움의 표시로 학생에게 답례로 150달러를 돌려주든지 결정하라는 요청을 받는다.

이런 상황에서 50퍼센트의 학생이 낯선 사람에게 돈을 주기로 결정했고, 돈을 받은 사람의 75퍼센트는 돈을 준 학생에게 150달러를 돌려주기로 결정했다. 처음 학생이 돈을 주기로 결정한 것은 돈을 받은 사람이 돈을 돌려준다면 50달러를 더 받을 수 있을 것이라고 기대했기 때문이었다. 이런 기대로 호의를 베푼 비율이 50퍼센트였고, 자신이 가져도 되는 돈 중 150달러를 돌려주기로 결정한 경우는 네 명 중 세 명이나 되었다.

이렇듯 대부분의 사람들은 자신이 요청하지 않은 호의를 남이 베푸는 경우, 대가를 바라는 경우보다 부담감을 떨치려는 욕구가 더 강력하게 작용한다. 돈을 받은 사람은 자동적으로 본의 아니게 빚을 진 셈이 된다. 이러한 상태는 그 사람의 독립성을 흔들 수도 있는데, 독립성이 흔들리면 자신도 모르게 불편해진다. 그러면 어떻게든 관계의 불균형을 바로잡으려 노력하게 된다.

"내가 이렇게 하면 부담되니?"라고 물어보면서 부담 주는 사람이 제일 얄밉다. 그만큼 부담은 불편하고 찜찜한 부채다. 부담을 느끼고 싶지 않은 마음의 원칙은 인간관계에도 마찬가지로 적용될 수 있다.

적자로 인해 피해의식이 강해지는 것도 피해야 할 일이지만, 반대로 흑자만 누리려는 것도 좋은 일만은 아니다. 우리의 마음 안에서는 적자도 흑자도 아닌 균형을 유지하고자 하는 욕망이 더 강하게 작용하고, 그것이 우선적인 판단 사항이 된다.

이런 식으로 모든 일을 대차대조표의 관점에서 보게 되면 관계는 꼬이고 복잡해진다. 매번 영수증을 들이밀고 가계부를 작성해야 한다면 인생살이가 얼마나 피곤해지겠는가? 그러므로 이런 부담감과 손해로부터 벗어나 자연스럽게 오가는 대화를 하기 위해서는 주고받음의 방식에 큰 전환이 필요하다.

인간관계는 토너먼트나 단판 승부가 아니다. 인생이란 긴 시간 동안 이끌어가는 시즌 경기나 마찬가지다. 따라서 경우에 따라 에너지를 적절히 배분하는 것이 필요하다. 결국 이 관계를 통해 무엇을 얻을 것인지에 대해서는 관심을 아예 끊어버리고, 내 안의 만족감에 집중해야 한다.

흡혈 박쥐가 자기 피를 다른 박쥐에게 나눠주어 종 전체가 생존할 수 있듯이, 소통이란 기약 없는 호혜성 이타주의(reciprocal altruism)로 이루어진다. 호혜란 서로 도와 편의를 주고받는 것을 뜻한다. 이때 중요한 것은 받고 주는 것이 아니라, 내가 먼저 주고 난 후 받는 것이다. 게임 이론에서 맞대응(tit-for-tat) 전략은 장기적으로 여러 번의 게임을 할 경우 가장 우월한 전략으로 증명되었다. 즉 상대가 보이는 호의와 악의에 따라 내가 반응하되, 내가 처음에 호의를 베푸는 것이 가장 좋은 전략이다.

보이지 않게 배려하고 자기만족이라는 관점으로 소통을 받아들일 때 소통의 대차대조표는 의미가 없어진다. 손익을 따지는 것이 더 이상 필요 없다는 말이다. 단기간에 만나서 한 번에 끝날 관계라면 벼랑 끝 전술이나 배수의 진을 칠 수도 있다. 하지만 균형 잡힌 거래를 원활하게 지속하기에는 좋은 방법이 될 수 없다.

## 균형 맞추기

그렇다면 어떻게 하면 현명하게 거래를 잘할 수 있을까? 내 행동과 말 한마디도 받기 위해 주는 것이 아니라 마음을 나누어주는 것이라 여기는 것이다. 나의 작은 이익과 손해에 일희일비하기보다는 전체와 관계의 관점에서 가치를 증진시킨다는 생각을 갖는다. 기약 없는 호혜성을 원칙으로 삼으면 소통은 질적으로 달라진다. 그러면 어느 순간부터 내가 원하는 것, 내게 남은 것을 주는 것이 아니라 상대방이 원하는 것이 무엇인지 알기 위해 노력하게 된다. 또 내가 원하는 것을 그가 줄 때까지 기다리는 것이 아니라 자연스럽게 그의 모습 안에서 내가 원하는 것을 찾아내게 된다.

약간은 손해 보아도 좋다는 마음가짐으로 상대를 대하는 것은 소통이라는 거래에서 중요한 덕목이다. 관계에서 말로 퍼줘봤자 실질적인 손해는 없다. 내가 남을 좀 더 칭찬하고 조금 더 도와주고 배려해준다고 해서 직접적인 손해는 없다는 말이다. 내가 해준 만큼 똑같이 돌려받지 못해도, 내가 한 행동을 스스로 칭찬하고 만족하면 된다. 마음 안의 배려심이란 화수분 같은 것이기 때문이다.

정진석 추기경은 로마에서 취임식을 마치고 돌아온 후 이렇게 말했다. "프란체스코 성인은 '상대에게 이해받기보다는 먼저 상대방을 이해하면 상대방도 나를 이해하게 된다'고 말씀하셨다. 내 주장을 반만 하고 남의 이야기를 들어줄 때 마음이 열리며 오해가 풀리고, 대화와 타협이 가능해진다."

그렇다면 어느 정도로 주고받는 마음을 가지면 좋을까? 2 대 1 정도가 가장 적당하다고 제안하고 싶다. 두 개를 주고 한 개를 받겠다는 마음가짐이면 좋다는 말이다. 적자일 수는 있지만, 전체적으로는 균형을 유지할 수도 있다. 내가 계속 이득을 보겠다는 마음을 갖고 살아도 좋지만, 그 경우 약자를 지나치게 착취할 가능성이 있고, 두 사람 사이의 균형이 심하게 기울어져서 상대가 나를 원망할 위험이 있다. 그보다는 자신이 약간 손해를 보겠다는 마음을 먹으면 갈등이나 오해가 생길 가능성이 줄어든다. 그러려면 물론, 강한 자신감과 확신이 필요하다. 손해를 보더라도 피해의식을 갖지 않고, 우호적이며 호혜적이고 이타주의적 관점이 언젠가는 내게도 도움이 되리라는, 직접 도움이 되지 않더라도 최소한 상대에게는 좋은 일이라는 마음의 여유를 지니도록 노력한다.

# 긴장
# 인정하기

## 긴장감의 기능

우리 병원의 한 1년차 전공의는 성실하고 열심히 일하는 사람
이었다. 문제는 너무 열심히 하려는 데 있었다. 회진 시간에 새로 입원
하는 환자에 대해 보고하게 되었는데, "심한 우울감을 호소하는 43세
남자 환자입니다"라고 말하는 첫마디부터 떨렸다. 별생각 없이 전공
의를 바라보다가 눈이 마주쳤는데, 그 순간 그의 눈빛이 떨리는 것을
보았다. 그러자 목소리가 굳어지더니 말을 잇지 못하는 것이었다. 내
가 기다리다가 "그래서?"라고 물었는데, 그는 말을 이어가지 못하고
"저…… 그게……" 하고 버벅거리며 환자의 병력을 요약한 종이를 뒤
적이며 정보를 찾았다. 그러다가 서류를 떨어뜨리고 말았다. 나는 그

의 긴장을 풀어주려고 "괜찮아요, 천천히 해요"라고 다독였지만, 도리어 역효과였다. 그는 더욱 긴장해서 "아, 아닙니다. 괜찮습니다. 다시 하겠습니다. 우울감 때문에 응급실을 통해 입원한 43세 남자입니다.…… 우울감은 3년 전, 아니 2년 전……" 하며 말을 심하게 더듬었다. 얼굴이 벌게지며 목소리가 떨리더니 종이를 쥔 손마저 떨렸다. 전날 밤 늦게 응급실을 통해 들어온 환자라 제대로 파악하지 못한 부분이 있어서, 내가 대답하지 못할 만한 질문을 할까 봐 걱정스러웠던 것이다. 게다가 눈까지 마주쳤으니, 전공의는 더욱 긴장해서 알고 있는 내용조차도 제대로 보고하지 못했다.

사실 어떤 전공의도, 특히 아직 환자를 대하는 게 익숙하지 않은 전공의 1년차라면 교수 앞에서 긴장하게 마련이다. 긴장하지 않는다면 도리어 문제다. 긴장감이란 내 안의 자원을 적절한 수준 이상으로 동원해서 집중력과 판단력을 향상시키는 기능을 하기 때문이다.

만일 10만큼의 자원을 더 써야 할 상황이 발생해서 10을 더 쓴다면 그것은 적절한 긴장감이다. 그런데 이 상황에 무리해서 30을 동원한다면 이때는 지나친 긴장감 혹은 불안이라고 할 수 있다. 또 굳이 자원을 더 동원하지 않아도 될 만한 상황에도 자원의 여분을 더 끌어서 쓰는 것도 좋은 긴장감은 아니다. 이는 에너지의 낭비일 뿐이다. 화수분처럼 퍼도 퍼도 끝없이 샘솟는 것은 아니니 말이다.

그런데 교수가 긴장하지 말라고 이야기하면 도리어 더욱 긴장하는 아이러니는 왜 벌어지는 것일까? 그것은 진화적 관점에서 볼 때 전공의의 감정적 기억 안에서는 내가 두려운 존재로 인식되기 때문이다.

어둠 속이나 숲 속에서 적을 식별하고 적이 싸울 의사가 있는지 없는지 확인하는 절차를 거칠 때는 아무리 판단력이 빠른 동물이라도 반드시 일정한 시간이 필요하다. 그러므로 일단 위험이 다가오는 것 같다는 신호가 감각기관을 통해 접수되면, 싸울지 아니면 도망갈지 최단 시간에 결정하고 온몸이 자동적으로 경비 태세로 전환되어야 살아남을 수 있다. 그런 순간에는 온몸이 긴장되고, 침이 마르며, 가슴이 뛰기 시작하는 등 자율신경계가 급속히 항진된다. 어둠 속의 존재가 토끼였는지, 정말 위험한 늑대였는지 나중에 확인해도 늦지 않다. 진화적 필요에 의해 발달해 온 인간에게 이성적인 판단은 감성적 기억에 의한 판단에 비해 느릴 수밖에 없다.

사회가 발전함에 따라 도망가느냐 싸우느냐 하는 문제처럼 삶과 죽음의 경계에 직면하는 경우는 그리 많지 않다. 그러나 삶이 전반적으로 이성에 의해 움직이는데도 근본적으로 동물인 인간은 대부분의 경우 머리보다 몸과 가슴이 먼저 반응한다. 토끼는 도망갈지 싸울지만 결정하면 되지만, 만물의 영장인 인간은 그리 단순하지 않다. 하지만 인간에게도 싸울지 도망갈지를 결정해야 할 상황에서 작동하는 판단 기능은 여전히 살아 있다. 이런 기능이 일상에서 가장 큰 영향을 행사하는 곳이 바로 소통과 관계의 영역이다. 소통의 영역에서 좋다/나쁘다, 슬프다/기쁘다는 감정을 즉각적으로 판단할 때 이런 기능들이 작동한다.

어떤 일이 벌어지거나 말을 들으면 사람들은 그 말의 의미와 화자의 의도를 전후맥락을 따져가며 냉정하게 판단하기 전에, 그가 내게 공격적인지 우호적인지, 나를 지배하려는 것인지 아닌지 먼저 판단하고 그에 맞춰 반응한다. 내 반응에 감정의 색깔이 칠해지게 되고, 감정의 색깔은 말이 담고 있는 정보의 해석에도 영향을 미친다. 만일 상대방의 말을 호전적이라고 판단하고 방어적인 자세로 되받아치면, 상대방도 즉각 같은 반응을 보인다. 그러면 내 반응이 정확했음을 확인하는 셈이 된다. 그러면 강력한 카운터펀치를 날릴 준비를 하면서 본격적인 전투에 돌입하는 악순환의 고리에 빠진다. 이런 과정은 아주 순식간에 벌어진다.

한편 감정적 기억에 의한 판단은 그전까지의 경험에 의존한다. 매번 보정해서 중심축을 0에 놓으려 노력하지 않는 한, 100퍼센트 객관적으로 판단하기란 불가능하다. 그리고 작은 일이 벌어질 때 직접 말로 반응을 보이지는 않더라도 인간의 뇌는 쉬지 않고 평가하고 판단하여 감정적 기억의 게이지에 반영한다. 게이지는 조금씩 좌우로 움직이는데, 어느 수준을 지나 위험선을 넘어가면 아주 작은 자극에도 쉽게 반응하는 '초민감 전투 모드'로 변한다. 전공의도 바로 이러한 변화의 결과로 더욱 긴장했던 것이다. 전공의에게 나는 위험할 수도 있는 존재였으니 내가 아무리 긴장을 풀라고 해도 풀 수 없었던 것이다.


긴장을 푸는 소통의 역설

긴장감이란 꼭 필요하다. 너무 긴장하지 않고 풀어져 있다가 예외적인 상황이 벌어지면 제대로 대응하지 못하고 난감해하기 쉽다. 생리학자인 로버트 여키스(Robert Yerkes)와 존 도슨(John Dodson)은 스트레스와 성취력은 역 U자형 커브를 그린다고 설명했다. 처음에 스트레스를 받아 긴장하게 되면 집중력과 판단력, 순간적 기억력이 상승해서 성취도가 올라간다. 시험 전날의 벼락치기가 성적에 도움이 되는 경우가 그렇다. 그런데 어느 선을 넘어서면 집중력이 올라가지 않고, 오히려 떨어지면서 판단력이 흐려진다. 가수가 너무 긴장한 나머지 무대에서 노래를 부르려는데, 몇백 번은 불렀을 법한 노래의 가사를 까맣게 잊어버리고 마는 일이 벌어지는 것도 이러한 메커니즘 때문이다. 앞서의 전공의도 너무 잘하려다가 어느 순간 역 U자형 커브의 변곡점을 넘어가면서 도리어 아무 생각도 나지 않을 만큼 머릿속이 하얘진 것이다. 이때 긴장감을 숨기려 하면 더욱 드러나게 된다. 상황을 피하고 싶다는 생각이 가득해서, 피하려는 마음이 드러나지 않도록 할 만한 여력이 없기 때문이다.

이럴 때에는 어떻게 해야 할까? 긴장이란 불가피한 것이다. 익숙하지 않은 곳에서는 강연하기 전 나 또한 긴장하고 입이 마른다. 특히 사람들의 시선과 마주쳤을 때, 팔짱을 끼고 지루해하면서 스마트폰으로 눈을 돌리는 것 같으면 힘이 빠지면서 더욱 긴장되고 침이 바짝 마른다. 이럴 때에는 긴장했음을 인정하는 데에서 시작해야 한다.

매일 뉴스쇼를 진행하는 세계적인 앵커 래리 킹도 올챙이 시절이 있었다. 그도 처음 지방 라디오에서 앵커로 데뷔하던 날 무척 떨렸다고 한다. 생방송 불이 켜졌는데 한 마디도 하지 못하고 시간만 흘러갔다. 겨우 정신을 차린 래리 킹이 던진 말은 이러했다. "안녕하십니까? 저는 라디오 방송을 처음 해봅니다. 언제나 방송계에서 일하게 되기를 갈망해 왔고, 지난 주말 내내 연습을 했습니다. 15분 전에는 새 이름을 지었고, 주제곡을 틀 수 있도록 줄곧 준비하고 있었습니다. 그런데 입 안이 자꾸 말라붙습니다. 초조하기 때문입니다. 조금 전에 사장이 문을 박차고 들어와 '이건 말로 하는 사업'이라고 소리쳤습니다." 그는 당장 생각나는 대로 자신의 처지를 솔직하게 이야기했고, 이로써 방송을 지속할 수 있었다.

어쩌면 밤새 말할 내용을 외우고 연습하는 것보다 더 좋은 방법은 "지금 좀 긴장되네요"라고 자신의 심정을 솔직하게 말하는 것이다. 나도 너무 긴장되면 지금 서 있는 이 자리가 내게 어떤 의미인지, 그래서 긴장되고 걱정된다는 말을 하곤 한다. 그러면서 마음속으로는 반대로 최면을 건다. '내가 이 사람들보다 오늘 말할 부분에 대해서는 훨씬 많이 알고 있으며 익숙하다'라고 이야기하는 것이다. 이는 어쩌면 허세일지도 모른다. 그렇지만 허세라는 방어막을 치는 것으로 나의 핵심이 흔들리지 않도록 보호할 수 있다. 밖으로는 긴장된다고 솔직히 고백하고 긴장했음을 인정하는 한편, 안으로는 허세라도 좋으니 '나는 잘하고, 충분히 준비되어 있다'는 주문을 거는 것이 긴장감을 부드럽게 넘어서는 방법이다.

특히 유머를 섞어서 긴장했다고 고백하면 사람들은 호의를 갖고 마음의 여유를 지닌 채 바라볼 것이다. 그리고 긴장된다고 고백하는 순간, 이상하게도 긴장감이 다소 풀리는 것을 느낄 수 있다. 이렇게 첫 단추를 잘 끼우고 나면 긴장감은 풀어지고 준비한 내용을 잘 이야기할 수 있다. 자신의 긴장감을 솔직하게 밝히는 것이 긴장감을 풀어주는 좋은 방법이라는 것, 이것이 소통의 역설이다.

# 바람직한
# 대화의 구조

## 슬럼프를 해결하는 단 하나의 질문

슬럼프에 빠진 야구 선수가 있었다. 더 열심히 훈련해 보기도 하고 타격 폼을 바꿔보기도 했지만, 쉽사리 슬럼프에서 벗어날 수 없었다. 코치에게 상담하고 선배 선수를 만나 조언을 들어봐도 뾰족한 답이 없었다. 이때 스포츠 정신의학을 전공하는 한덕현 교수가 이 선수를 만나 "당신은 어떤 선수입니까?"라고 물었다.

이때 "뭘 물으시는 거죠?"라고 되묻는다면, 그 선수는 주관적인 핵심이 없는 사람이다. 지금 무엇이 문제인지 전혀 알지 못하고, 자신이 누구인지도 답할 수 없는 것이다. 한 교수는 틀린 답이라도 자기 나름의 논리가 명확한 사람은 슬럼프에서 쉽게 벗어난다고 설명했다. 한편

"오래도록 야구를 하고 싶고, 사람들에게 널리 알려지고 싶다"고 답하는 사람도 문제다. 이들은 선수 생활에 대한 고민보다 인기에 관심이 더 많기 때문에, 어렵고 지겨운 선수 생활을 극복하지 못한다. 어떤 선수는 "A급 선수입니다"라고 대답하지만, 왜 A급인지는 대답하지 못한다. 이들은 자신감이 넘치기 때문에 오히려 쉽게 좌절하고 슬럼프의 구렁텅이에서 빠져나오지 못한다. 이에 반해 "저는 홈런 타자인데요", "저는 발이 빠릅니다"라고 대답하는 사람은 자신의 장단점을 잘 아는 사람이고, 구체적으로 설명할 수 있는 사람이다. 이런 사람은 문제가 생겼을 때 어디에서부터 무엇을 해결해야 할지 찾아내기 쉽고, 또 해결도 빠르다. 이렇게 단 하나의 질문만으로 한덕현 교수는 슬럼프에서 헤어나지 못하는 야구 선수들을 단번에 분류해 낼 수 있었다. 일단 분류하고 나면, 문제를 어떻게 해결해 나갈지 전략도 세울 수 있었다.

이와 같이 질문은 막힌 길을 뚫기 위해 꼭 필요하다. 남녀 커플이 처음 가는 길을 헤맬 때, 길을 물어볼지 말지를 두고 다투곤 한다. 대개 남자는 가던 방향으로 더 가보자고 주장하고, 여자는 차에서 내려 가게에라도 들어가서 지금 이곳이 어딘지, 방향이 맞는지 물어보자고 주장한다. 질문만 하나 던지면 금방 문제가 해결될 것을, 남자는 질문하는 것이 싫다고 차를 타고 헤매기만 한다. 물어보자는 여자를 도리어 타박하며 자기 고집만 내세우기 일쑤다. 그만큼 어떤 사람에게 질문하는 것은 힘든 일일 수 있다.

질문은 소통에서 어떤 역할을 하는가? 질문은 대화의 주제를 설정한다. 그렇기 때문에 먼저 질문하는 쪽이 우위를 차지한다. 질문이란 표면적으로 '나는 모르니 알려달라'는 형식을 취하고 있으므로, 일단 상대는 질문이 가리키는 범위 안에서 이야기를 풀어가야 한다. 질문을 받은 사람은 자신이 선택한 이야기가 아니라, 상대가 선택한 말에 따라 대답해야 하는 부담을 진 채 말을 해야 한다. 수사학에서는 이를 '폐쇄의 원리'라고 한다.

## 어떻게 질문할 것인가

친구네 윗집 아이가 바이올린을 배우기 시작했다. 저녁때만 되면 하루에 30분 이상씩 거슬리는 소리가 들린다. 평소에 엘리베이터에서 오가면서 윗집과 인사하는 사이라서, 친구는 바로 위층에서 들려오는 소음에 대해 말하지 못한 채 저녁마다 괴로운 시간을 보내고 있다. 이때 당신이 할 수 있는 질문은 두 가지다.

A: 그게 이해가 되니?
B: 잘 참아내고 있니?

A의 질문은 '이해'의 문제이므로, 이해하는 것이 관건이다. 그러므로 친구가 이해하고 소음을 견딘다면 이해심이 많고 아이를 배려하는 사람인 셈이다. 이럴 때 과거에 자신도 악기를 배울 때의 경험을 통해 이야기하게 될 것이다. 이해하지 못하겠다고 하면, 그 후에는 다양한 종

류의 대응 방법에 대해 말할 수 있다. B의 경우는 거슬리는 소리가 층간 소음의 일종이며 너무 괴로운 일이라서 이해하고 넘어갈 수 있는 상황을 넘어섰다는 것을 전제로 삼고, '참고 가만히 있을 것이냐, 어떤 액션을 취할 것이냐'의 문제로 넘어간다. 이렇듯 생각의 흐름이나 범위가 질문하는 단어 하나에 따라 달라지는 셈이다.

 "그 문제에 대해 어떻게 생각하세요?" 흔히들 이런 질문으로 말문을 여는데, 질문은 언제나 대화의 방향을 제시한다. 질문을 통해 지금 우리가 어느 방향으로 이야기를 끌고 갈지, 어떤 내용을 다룰지 화두가 설정되는 것이다. 뻔한 질문, 서로 말을 꺼내기 껄끄러울 수 있는 정치적 논쟁, 종교 이야기, 개인적 프라이버시를 주제로 삼으면 서로가 불편해지지만, 시의적절하고 모두가 편하게 대화에 참여할 수 있는 소재, 또는 모두가 궁금해할 만한, 처음 온 사람도 이야기하기 편할 만한 주제로 질문을 던진다면 자리는 아주 화기애애해진다.

 또 두 사람의 대화에서도 그저 그런 질문은 사람을 따분하게 만들지만, 좋은 질문은 사람을 지적으로 강하게 자극하므로 전혀 몰랐던 내용을 깨닫고 창의적인 생각을 떠올리게 된다. 그래서 좋은 말을 해주는 사람도 좋지만, 생각하지 못했던 아이디어를 떠오르게 하는 좋은 질문을 던져주는 사람은 더욱 반갑다. 좋은 말은 내 밖의 존재가 내게 주는 선물이다. 그러나 좋은 질문은 내 안에 숨겨져 있던 보석 같은 아이디어와 생각을 정리해서 의식으로 인도해 주는 등대의 역할을 해준다. 이런 과정에서 얻은 생각은 비록 보잘것없는 것이더라도 남이 해준 말보다 훨씬 소중하다. 온전히 내 것이기 때문이다. 이렇듯 질문은 끊임없이 생각하도록 자극한다.

좋은 질문은 답하는 과정에서 새로운 생각을 해내게 하는 마법처럼 작용한다. 정말 그런 의도로 상대가 질문한 게 아닐 때에도, 듣는 사람은 전혀 다른 방향에서 아이디어가 떠오르기도 한다. 그러므로 상대가 무엇을 궁금해하고, 어떤 영역에 관심을 갖고 있는지 항상 생각하고 그와 관련된 질문을 던지려는 태도를 연마하는 것이 좋은 질문자다.

## 물음표가 가진 마력

좋은 질문은 좋은 자리를 만든다. 훌륭한 파티 주최자는 말을 많이 하지 않는다. 참석한 사람에 맞춰 적절하게 질문을 던져서 대화가 끊기지 않고, 한 사람도 소외되지 않으며, 참석자 모두가 서로에 대해 자연스럽게 이해하고 대화에 참여할 수 있게 하는 것이 주최자의 능력이다.

좋은 질문을 할 줄 아는 사람과 대화하는 것은 매우 즐거운 일이다. 그런 사람과 대화를 나누면 그가 나를 자극할 것이고, 내가 생각지도 못한 부분이 자극될 수 있도록 구석구석 라이트를 비춰서 보이지 않던 구석까지 질문해 주리라고 기대하게 된다. 좋은 질문을 들으면 자연히 귀를 기울이게 되고, 나도 모르게 집중하게 된다. 물음표는 질문을 의미하는 라틴어 'quaestio'에서 유래했는데, 'Qo'라고 약자로 쓰다가 지금의 소용돌이에 점을 찍는 형상인 '?' 모양으로 축약되었다. 좋은 질문은 소용돌이 속에 빠지는 느낌이 들 정도의 집중력을 요한다는 의미로도 해석할 수 있지 않을까? 그만큼 물음표는 의문을 갖고 집중하게 하는 마력이 있다.

질문과 답이 짝을 이루는 대화 양식의 전형은 인터뷰다. 훌륭한 인터뷰어는 좋은 질문을 던지고, 다른 인터뷰어가 끌어내지 못했던 대답을 얻어내기 위해 애쓴다. 그러므로 질문에 있어서만은 프로의 경지에 이른 사람이 아닐까 한다. 그들의 날카로운 질문은 하늘에서 뚝 떨어진 것이 아니다. 인터뷰 대상을 만나기 전에 인터뷰 시간의 몇 배에 달하는 시간을 투자해서 인터뷰 대상자가 쓴 글, 했던 말들, 이전의 행적에 대해 철저히 조사하고 질문을 뽑아낸다. 그리고 인터뷰이에게 준비한 질문을 던진다. 다른 인터뷰어도 했을 법한 뻔한 질문은 뻔한 대답만 끌어낼 뿐이다. 나는 한국을 찾은 외국의 배우에게 "한국 음식 먹어봤어요? 어떤 음식이 좋아요?"라고 질문하는 리포터를 볼 때마다 괴로운 심정이다.

남성 잡지《GQ》의 이충걸 편집장은 다양한 사람들을 상대로 인터뷰를 해왔다. 김두식 교수가 한 지면에서 이 편집장을 인터뷰하면서 성공적인 인터뷰의 비결을 물었다. 그는 인터뷰 내용의 사실 여부와는 상관없이 어떤 순간에 반응하는 인터뷰이의 '스피릿'이 궁금하다고 대답했다. 물론 사실도 중요하지만, 정말 중요한 것은 이성으로 무장하고 방어하고 있는 상대가 반복적으로 여러 곳에서 이야기한 정보 이면의 '감정적 스피릿'을 느끼는 것이 진짜라는 뜻이다. 이 편집장은 인터뷰이의 여러 가지 모습이 아니라 인터뷰 순간 자신의 인생에 다가온 모습을 전하고 싶으며, 그것이 주관적인 듯 보이는 객관이라고 생각하므로 감정이입을 중요하게 여긴다고 덧붙였다.

이렇게 질문은 중요하게 여기는 부분을 잡아내기 위해 목표를 갖고 진행된다. 다른 매체에서 한 번도 이야기하지 않은 질문에 집중하는 사람도 있겠지만, 이 편집장은 그런 것보다는 다른 부분에 집중했다. 그래서 같은 사람을 인터뷰하더라도 다른 매체와는 결과물이 확연히 달랐다.

우리는 하루에도 수십 번씩 질문한다. 하지만 정말로 상대를 감동시키고 참신한 감정과 생각을 떠오르게 하는 질문은 몇 번이나 할까? 사실 그런 순간은 흔치 않을 것이다. 그러므로 최적의 타이밍을 찾기 위해 준비해야 한다. 대화의 기승전결에서 질문은 '기'에 해당한다. 첫 단추를 잘 꿰서 방향을 잘 잡으면 마무리도 잘된다. 반면에 아무리 잘 전개하고 클라이맥스를 뽑아내 마무리한다고 해도 첫 질문이 삐딱하거나 방향을 잘못 잡거나 무성의하게 시작한다면 소통은 첫 순간부터 어긋날 위험이 있다. 그러므로 말을 멋지게 하기보다 좋은 질문을 하려 노력해야 한다. 그러려면 질문을 준비할 필요가 있다. 이는 선제공격을 하면서 판을 자신의 관할하에 두는 것이다. 특히 어렵고 낯선 장소일수록 질문을 잘하는 능력은 더욱 요긴하다.

# 진심 찾기

## 인용 뒤에 숨기는 진심

강연을 마치면 질문 답변 시간이 있다. 나는 강연보다 이 시간을 더 즐기는 편이다. 다들 처음에는 쭈뼛거리지만 용감하게 질문하는 사람이 한 명만 나서면 봇물 터지듯이 질문이 쏟아지면서 재미있게 토론할 수 있다. 첫 질문이 가볍고 쉬운 내용일수록 질문이 이어지기 편하다. 다양한 질문을 듣다 보면, 의외로 내가 생각하지 못한 아주 창의적이고 새로운 아이디어를 떠올리게 해주는 내용도 있다. 그럴 때에는 보람을 느낀다.

그중에는 꼭 이렇게 질문하는 사람이 있다. "강의 잘 들었습니다. 마크 트웨인이 말하길 '용기는 두려움에 저항하고 두려움을 극복하는 것이지, 두려움이 없는 것이 아니다'라고 했습니다. 저는 선생님께 대인관계의 두려움을 극복하는 비법을 한 수 배우고 싶습니다." 이렇듯 누군가의 말을 인용하며 질문하는 사람을 보면 안타까움이 먼저 든다. 자기가 느낀 것을 직접 표현하기보다는 권위를 가진 누군가의 말이나 통계와 같은 부정할 수 없는 사실을 동원해야 안심하는 사람이기 때문이다. 마치 친구에게 억울한 일을 당했을 때 엄마가 없으면 형이라도 뒤에 세워놓아야 마음이 놓이는 소심한 어린아이 같다. 글로 읽을 때에는 인용문이 들어가 있으면 폼도 나고 객관적으로 보이지만, 말로 할 때 남의 말이나 격언을 인용하는 것은 짧은 대화 속에 진짜 자기 생각은 최대한 숨기고 희석하려는 셈이다.

이처럼 피해야 할 부분은 피하면서 질문하는 사람이나 듣는 사람 모두에게 유익한 질문을 해서 나와 상대의 진심을 흔들려면 다음과 같은 사항을 고려할 필요가 있다.

비평과 비난의 차이는 상대방에 대해 사랑이 있고 없음의 차이라는 말이 있다. 사랑 없이 상대의 잘잘못에 대해 이야기하면 비난이 될 뿐이지만, 애정을 갖고 진심 어린 직언을 하면 비평이 된다. 질문도 마찬가지다. 아무리 날카롭게 폐부를 찌르는, 아픈 곳을 건드리는 질문을 던진다 하더라도 진정한 관심과 애정을 갖고 있다면 오히려 고맙게 느껴진다.

처음 사람을 만났는데 그 사람이 어떤 사람인지 알고 싶을 때에도 질문은 유용하다. 상대의 마음을 다치게 하거나 자존심을 건드리지 않으면서 상대방을 알아낼 수 있는 방법이 있다. 처음에는 상대가 진실을 말할 수 있는 질문을 던지는 것이다. 예를 들어 "여기가 서울시 무슨 구죠?"와 같은 질문은 군이 거짓으로 답할 이유도 없고, 거짓인지 아닌지 들으면 바로 알 수 있다. 이때 답하는 상대의 반응을 살피면서 특히 얼굴, 그중에서도 눈동자를 살펴본다. 진실을 말할 때 눈동자가 위로 움직이는지, 옆을 보는지 관찰한다. 또, 팔짱을 끼거나 입맛을 다시는 것과 같은 특이한 버릇이 있는지도 살펴본다. 진실을 물었을 때 그가 보이는 동작은 나중에 다른 결정적인 질문을 던졌을 때 진위 여부를 가리는 기준이 될 것이다. 이런 동작은 거짓을 말할 때에는 나오지 않는다. 그러므로 이런 질문은 판단의 기준점을 만드는 영점 조정 같은 것이다.

또 답변 스타일을 보면서 그가 지배적 기질인지, 순응적인지, 공격적인지 파악할 수도 있다. 이런 특성을 알면 나중에 상대에게 자신의 요구를 전달할 때 어떤 방식을 택하는 것이 효과적인지 전략을 세울 수도 있다. 예를 들어 지배적인 기질의 상대라면 나에게 어려움이 닥쳤으니 도와달라고 호소하는 방식이 좋고, 순종적인 스타일이라면 옳고 그름을 나누어 명확하고 분명하게 요구하는 것이 효과적이다.


## 참신한 관점과 해법 찾기


질문하는 데 가장 필요한 것은 상대에 대한 애정과 긍정적 관심이다. 그의 결점을 찾기 위해 눈에 불을 켜고 보는 것이 아니라 긍정적인 호기심을 갖고 관찰하는 것이다. 애정과 관심을 갖고 있음을 상대방이 인식하도록 하려면 상대방의 말을 끝까지 잘 들어야 한다. 그리고 그가 미처 생각하지 못하던 그의 다른 부분들과 관련해서 지금의 문제에 대해 질문을 해본다. 또 자신이 지금 그런 상황이라면 어떠할지 상대의 관점에서 이해하고, 궁금한 점이나 미진한 점 등을 질문한다.

깊은 공감에서 우러나오는 질문을 던질 때, 질문은 상대방의 속내까지 단번에 침투할 에너지를 얻는다. 공감을 통해 잠시 그 사람의 마음속에 들어가볼 수 있고, 그의 마음을 이해하면서 내 안의 마음과 그의 마음이 뒤섞인다. 두 마음이 섞이는 과정을 거치면 내 관점과 경험을 바탕으로 그의 문제를 바라보게 되는데, 이는 참신한 관점과 해법을 찾을 기회가 된다.

애정 어린 질문은 상대방이 혼자서는 문제를 풀어내지 못하고 답답한 결론만 내리면서 다람쥐 쳇바퀴 돌듯이 맴돌고 있을 때 악순환의 고리를 끊을 가위가 된다. 가장 좋은 질문은 그 질문을 들은 사람이 미처 생각지 못한 것을 떠올리고 혼자서 해답을 찾아낼 수 있도록 물꼬를 터주는 통쾌한 물음이다.

좋은 질문을 하는 것만큼 좋은 응답을 하는 것도 중요하다. 그러기 위해서는 일단 질문을 끝까지 들어야 한다. 아무리 뻔한 질문이라도 미리 속단하지 않는 것은 내가 그의 질문에 관심을 갖고 있음을 보여주는 첫 번째 단계다.

아무리 바보 같아 보이고 지금의 상황에 맞지 않는 것 같은 질문을 받았더라도 일단은 긍정적인 자세로 '그가 왜 지금 여기에서 이런 질문을 하는 것인지' 상대방의 입장에서 생각해 본다. 이러한 노력을 의식적으로 기울이지 않으면 상대방의 심중을 간파하지 못하고 자신도 모르게 경멸하는 반응을 보일 위험이 있다.

상대방의 입장에 서서 그의 의도를 파악한 후, 먼저 질문에 대해 자기 나름대로 정리해서 되물어봄으로써 질문의 내용과 의도를 명확히 확인해야 한다. 그리고 난 후 가능한 수준에서 정리해서 답변하고, 현실적인 대안을 제시할 수 있으면 좋다.

모든 질문 안에는 질문자가 생각한 답이 들어 있다. 그리고 많은 질문은 사실 남의 입을 통해 그 대답을 듣기 위해 물어보는 확인 절차인 경우가 많다. 비록 질문자가 의식하지 못하더라도 말이다.

한 번 오가는 좋은 질문과 응답은 열 마디의 주옥같은 설교와 설득보다 강한 힘을 갖는다. 나아가 믿음을 증진하고 상대방에 대한 진심 어린 관심을 표명하며 같은 울타리 안에 있음을 확인하는 좋은 방법이기도 하다.

경우에 따라서는 지금 답할 수 없는 내용을 질문할 때가 있다. 이럴 때는 참 난감하다. 혹은 취향이 너무 달라서 별로 답할 만한 말이 없는 경우도 있다. 그렇다고 해서 잘 모르겠다거나 지금 이야기할 내용이 아니라거나 대답하기 싫다고 딱 잘라버리면 상대는 무안해지고, 대화는 썰렁해지거나 진전되지 않는다. 자신이 전혀 모르는 현대 미술에 대해 잘 아느냐고 질문을 받았을 때 미술은 전혀 모른다거나 생각만 해도 머리가 복잡해진다고 대답하기보다는, "한때 관심이 많았는데 고등학교 때 미술 시간이 지옥 같았어요. 아무리 잘 그리려고 해도 잘

안 되고, 전시회에 가서 기웃거려봤지만 왜 좋은 그림인지 모르겠더라고요. 그래도 좋다는 전시회가 있으면 가보려고 해요. 그림을 잘 아는 분들을 만나면 주눅이 들지만 현대 미술은 흥미 있는 분야인 것 같아요" 하는 식으로 오히려 상대방에게 가르쳐달라고 말해 본다. 모른다고 인정하는 것은 자존심 상하는 일이 아니다. 상대는 이야기를 끌고 나가기 위해 자신이 관심을 가지고 있고 좋아하는 분야가 공통의 관심사이지 않을까 생각해서 질문했을 것이기 때문이다.

이와 같이 질문은 다양하게 소통하는 데 매우 유용한 기술이 된다. 좋은 질문은 상대에 대한 진정한 애정을 담은 것이다. 그리고 질문의 방식을 숙지하고 유연하게 사용할 수 있다면, 소통의 난관에 부딪혔을 때 이를 돌파하는 데 큰 도움이 될 것이다. 그래서 대답을 잘하는 능력보다 질문을 잘하는 능력이 더욱 중요하다.

## 당신은 어떤 관찰자입니까?

" 한식 요리책에서 제일 어려운 부분이 '양념 적당히'라고 써 있는 곳이다. 다른 사람과 소통할 때, 양념의 양같이 헷갈리기 쉽고 맛을 망칠 수 있는 것은 부사의 사용이다. '전혀 없다'를 0으로, '항상'과 '언제나'는 100으로 잡고, 이제 '어쩌다', '가끔', '흔히', '자주', '이따금'과 같이 흔히 쓰는 부사가 0과 100 사이에 어디쯤 속하는지 점수를 매겨보고, 이번에는 친구에게도 같은 식으로 점수를 해보라고 한 다음 비교해 보면 상당한 차이가 있음을 발견할 수 있을 것이다. '흔히'를 90에 가깝게 쓴 사람도 있고, 60 정도로 한 사람도 있을 것이다. 작은 차이가 큰 오해를 불러일으킬 수 있다. 상대방을 잘 관찰하면 그 사람이 부사를 어떤 경향으로 사용하는지 알 수 있다. 그에 따라 해석하고 반응할 수 있다면, 그만큼 오해를 줄일 수 있다. "

# 묻고 듣고
# 되짚기

## 질문이 어려운 세 가지 이유

질문이란 대화가 탄력을 받을 수 있게 하는 촉매와도 같은 역할을 한다. 하지만 질문의 힘을 잘 알면서도 막상 질문해야 할 때 말문이 열리지 않아서 속만 태울 때가 부지기수다. 버스가 서 있을 때에는 가만히 있다가 문 닫고 떠나자 손 흔들며 괴로워하는 형국이다. 그 이유가 무엇일까? 질문해야 할 때 제대로 질문하지 못하는 사람들은 다음과 같은 세 가지 유형으로 나누어볼 수 있다.

첫 번째가 '의지박약' 형이다. 의지가 약하거나 자신감이 없으면, 막상 답답하고 궁금한 것이 있어도 필요할 때 적절하게 질문하지 못한다. '바보' 취급 당할까 봐 두려운 것이다. 이런 사람들은 자신의 질문이 너무 기본적인 것이라서 비웃음을 당하지나 않을까 두려워한다.

인공 강우의 복잡한 방법론에 대해 토론하고 있는데, 그 자리에서 "왜 비는 먹구름이 낄 때 오지요?"와 같은 기초적인 질문을 해서 '저 사람, 뭐야?'라는 눈길을 받을까 봐 겁이 난다. 그런 사람들은 가만히 있으면 중간은 간다는 말이 진리라고 생각하고, 무식을 드러내느니 차라리 침묵하는 편이 낫다고 생각한다. 이런 경우, 이들은 내심 '사람들은 듣기보다 말하기를 좋아한다. 그러니 잘 모를 때에는 입 다물고 있다가 간혹 아주 간단한 질문이나 던지며 상대방에게 말할 기회를 주면 된다. 그러면 그들은 나를 좋아하게 될 것이다'라고 생각한다.

두 번째는 '모난 돌이 정 맞는' 형이다. 그들은 자신의 질문이 자칫 권위에 대한 도전으로 비춰질지도 모른다는 두려움 때문에 질문을 못한다. 일사천리로 진행되는 일에 질문을 던지면 내가 던진 물음표가 달리는 차를 세우는 도로 위의 압정 격이 될까 봐, 그래서 나보다 힘이 세고 권력을 가진 사람이 언짢은 감정을 가지게 될까 봐 불안하고, 내가 그에게 도전하는 것으로 보일까 봐 두려운 것이다. 이런 사람들은 사심 없는 질문이라도 상대방이 다른 의도가 있다고 해석할지 모른다고 생각해서, 조금이라도 오해받거나 잘못 해석될 위험을 피해 아예 질문하지 않는다. 또 이런 사람들은 윗사람이 이야기할 때 행여 틀린 점이 있어도 틀린 점을 지적하기 위해 질문하거나 헷갈리는 부분을 물어보기보다는 가만히 입 다무는 쪽을 택한다. 어차피 말해 봤자 바뀔 것은 없다고, 상대가 나보다 훨씬 높은 사람이고 아는 것도 많은데 내 생각이 옳을 리 없다는 패배주의가 질문의 물꼬를 막아버리는 것이다.

세 번째는 '전투 회피' 형이다. 즉각적인 비판에 대한 두려움 때문에 질문하지 못하는 사람들이 이런 유형에 해당한다. 이런 사람들은 그저 궁금해서 질문한 것인데 상대방이 자신에 대한 공격으로 받아들여 전면전을 선포하고 대대적인 반격을 감행해서 내 영역을 쑥대밭으로 만들까 봐 두려워한다.

어떤 유형이든 질문을 잘 못하는 사람들은 대체로 소극적이며, 사람을 만날 때 항상 긴장한다. 이들의 속내를 들어보면 예전에 한두 번 섣불리 질문했다가 크게 혼이 났거나, 강한 반격을 받아 전신 화상을 입은 것 같은 아픔을 간직하고 있는 경우가 많다. 그러한 상처의 기억 때문에 누가 질문하면 답은 하지만 먼저 질문은 하지 않는 소극적인 사람으로 변한 것이다.


## 적절한 타이밍 찾기


보통 때에는 소극적이지 않지만 몇 가지 특별한 이슈는 질문하기 겁나기도 한다. 애인이 양다리를 걸치고 있는 것 같은 육감이 들지만 확인할 길이 없을 때, 그가 그러지 않기를 바랄 뿐이다. "당신, 지금 나 말고 만나는 사람 있어?"라고 묻고 싶을 것이다. 그의 대답이 사실이 아니라고 해도 그의 입에서 아니라는 말을 직접 듣고 싶다. 그렇지만 막상 둘만 있는 시간에도 직접 물어볼 엄두는 나지 않는다. 판도라의 상자를 잘못 열어 모든 것이 날아가버릴까 봐 두려워하는 것과 마찬가지다. 이렇듯 내가 심증을 갖고 있거나 이미 알고 있지만 대답이 핵폭탄과 같은 파괴력을 가진 질문은 꺼내기가 망설여진다. 그냥 묻고 지나가고 싶고, 상대방이 알아서 먼저 말해 주기를 기다린다.

그렇지만 처분을 기다리는 사형수의 마음처럼 그 상황을 오래 견디기란 쉽지 않다. 그러다가 적절한 타이밍을 놓쳐버리기 일쑤다. 질문할 때 적절한 내용을 찾는 것도 중요하지만, 그에 못지않게 언제 질문할지 타이밍을 잡는 것도 중요하다. 꼭 망설이는 것만이 아니라, 완벽한 질문을 던지기 위해 준비하다가 혹은 질문하기 좋은 상황을 기다리다가 아예 질문할 기회 자체가 사라지기도 한다. 대화의 흐름 속에서 제대로 질문의 묘미를 살리기 위해서는 질문할 용기뿐만 아니라 적절한 타이밍을 잡아내는 감각, 전체적인 흐름 속에서 어느 정도의 깊이와 어떤 모양새로 질문을 던질지 결정할 수 있는 판단력이 필요하다.

혹은 정말 물어보고 싶어서 입이 근질거리는 질문이지만 여럿이 모인 자리에서 물어보기에는 난감한 소재라 망설이는 경우도 있다. 이런 망설임 때문에 입 속에서만 우물거리다가 주제가 바뀌어 영영 질문을 던질 기회를 잃고 망연자실할 때가 많은데, 그러면 주거니 받거니 물 흐르듯 진심이 오가는 대화는커녕 전전긍긍 기회만 엿보다가 상대방의 일장연설에 주눅이 들어 피곤함만 쌓이게 되고, 일방적으로 KO패 당하기 십상이다.

## 질문에도 방법론이 있다

대화의 물꼬를 트는 질문을 적절하게 던져서, 주거니 받거니 오가는 대화 속에서 정이 쌓이는 소통의 경지에 이르기 위해서는 어떻게 해야 할까? 우선 서로에 대해 잘 모를 때 권투에서 짧은 잽을 던져 상대와의 거리를 재듯이, 상대방과 나 사이의 거리를 재기 위한 질문을 던져본다. 그가 관심을 가질 만한 내용이나 상대방의 일상에 대한 가벼운 질문을 날리는 것이다.

중립적이면서도 크게 해가 되지 않는 질문은 두 사람 사이의 공통점을 찾고 상대방에 대해 좀 더 이해할 수 있는 기회가 된다. 잘 모르는 두 사람이 한 자리에 있을 때 질문거리가 없으면 매우 어색해져서 시간이 한없이 느리게 흐른다. 이때 몇 가지 공통적인 질문의 레퍼토리를 갖고 있다면 어색함을 쉽게 깨트릴 수 있고, 이를 바탕으로 대화를 끌어나갈 수 있다.

이럴 때에는 서로 공통된 관심사가 될 만한 것을 찾거나 상대방의 관심사에 대해 호기심을 표현하는 질문을 던질 수 있다. 특히 상대방이 하는 일에 대해 물어볼 때, 흔히 그 분야에 대해 너무 아는 것이 없어서 무식하다는 인상을 심어주지나 않을까 불안한 나머지 자신의 이야기만 하게 될 수도 있다. 그러나 모든 사람은 기본적으로 무식하고 각기 그 무식한 영역이 다를 뿐이라고 생각한다면, 한결 편하게 상대의 일에 대해 질문을 던질 수 있을 것이다. 그도 무식함을 드러낸 기초적인 질문에 도리어 흥미를 느낄 수 있다.

이처럼 적당한 타이밍에 던지는 적절한 질문은 소통의 촉매로 작용하여 서먹함을 깨는 데 큰 역할을 한다. 사회생활에 노련한 사람일수록 다른 배경의 사람과 만나도 당황하지 않고 도리어 만남 자체를 즐기는 이유는 이러한 질문을 던지는 데 능숙하기 때문이다.

누구를 만나더라도 조금만 변용하면 쉽게 쓸 수 있는 기본적인 레퍼토리가 있다면, 상대방이 하는 일이나 사회문화적 배경을 전혀 모른다고 해도 당황할 이유가 없다.

그런데 질문하는 데도 격식이 있고 금기가 있다. 첫 번째는 상투적이고 성의 없는 질문이다. 명절 연휴를 가장 두려워하는 사람들이 노총각, 노처녀, 비자발적 실업자라고들 한다. 이들이 특히나 무서워하는 사람이 1년에 한두 번 만나는 친척들이다. 어쩌다 만나는 친척들은 "국수 언제 먹여줄 거야?", "아직 취직 못했니?" 같은 질문을 아무렇지도 않게 던진다. 그들의 고정관념에 따른 상투적인 질문들이다. 웃으며 응대하지만 마음은 편치 않다. 상투적인 질문이지만 정곡을 찌르기 때문이다. 그래서 명절날 점심때면 친척들이 돌아가기만 기다리며 길거리와 식당을 전전하는 젊은이들을 흔히 볼 수 있다.

그런 질문은 당사자에게 별다른 관심은 없지만 말문을 열기 위해 별생각 없이 던지는 말인 셈이다. 나이가 들고 인생 경험이 많아질수록 레퍼토리는 늘어만 간다. "밥은 먹었니?"라는 질문이 진짜 밥을 못 먹을까 봐 걱정스럽기 때문이 아니라 인사말로 전형화되어 사용되듯이, 결혼하지 않은 사람에게는 결혼 계획이, 학생에게는 성적에 대한 질문이 가장 중립적이고 미리 준비할 필요가 없으면서도 적중률 높은 질문이기 때문에 별생각 없이 그런 질문을 던지는 것이다.

그렇다면 이번엔 결혼했다고 가정해 보자. 그다음에는 "애기 언제 보여줄 거야?"라는 질문으로 넘어갈 것이고, 그 말에 중압감을 느껴서 가족계획을 앞당겨 애를 낳으면, "애기가 외롭겠다. 애는 둘은 있어야지"라는 말을 듣게 될 것이다. 엄밀히 말한다면, 이런 질문은 개인에 대한 관심과 흥미가 없기 때문에 하는 것이다.

두 번째, 뻔한 대답을 요구하는 질문이다. 더 이상 대화를 끌고 나갈 흥미나 시작점을 자극하지 못하는 물음, 어차피 정해진 답 말고는 없는 질문들이 이에 속한다. 생일 파티에 초대하고 싶지 않은 친구가 있는데, "이번에는 고등학교 동창들만 모이기로 했거든. 그래도 네가 꼭 오고 싶다면 와도 되는데, 그럴래?"라는 식으로 묻는 경우가 그렇다. 이번에는 따로 모인다고 솔직하게 말하면 되는데, 꼭 정해진 답변을 유도하는 질문으로 말을 끝내는 것이다. 내가 원해서 그런 것이 아니라 상대방이 원한 것이라는 확인을 받고 싶기 때문이다. 도둑이 제 발 저린 격이다.

또 TV 뉴스 시간에 대형 사고를 낸 피의자가 검찰 조사를 받으러 출두하면 "지금 심정이 어떻습니까?"라는 기자의 질문도 여기에 속한다. 묻는 사람이나 대답해야 하는 사람이나 답답한 노릇이다. 그러니 TV를 보는 시청자는 얼마나 답답한가.

세 번째로는 변명하게 유도하는 질문을 들 수 있다. "왜 계속 늦는 거야?", "왜 말하지 않았어?" 하는 식으로 '왜'로 시작하는 질문은 질문을 받은 사람을 수세로 몰아붙이며 구차한 변명을 하도록 유도한다. 그런 상황에서 나오는 변명은 듣는 사람의 화를 부추겨 상황을 악화시키기 쉽다.

이렇듯 질문에도 여러 가지 급과 격이 있다. 질문을 해야겠다는 강박관념에 사로잡혀 자칫 역풍을 맞게 되는 질문을 던지는 우는 범하지 않아야 한다. 질문하기 전에 한 번만 생각해 보자. 이 질문을 왜 하는지, 어떤 의도로 하는지, 무엇을 바라는지 말이다. 정말 궁금해서 하는 질문은 열 번 중 한 번도 되지 않는다. 나머지 아홉 번은 이미 당신 마음 안에 얻고 싶은 답이 정해져 있다. 서브할 때 리시브할 방향까지도 염두에 두듯이 말이다. 서브를 할 때 심호흡하고 앞으로의 경기에 대해 미리 시뮬레이션하듯이, 질문을 하기 전에도 미리 그림을 그려보자. 그러면 한결 괜찮은 대화를 나눌 수 있을 것이다. 이러한 서브 게임에서는 내가 주도권을 가질 수 있다.

# 인터미션과
# 포즈

## 침묵의 의미

　　대화하다가 가장 고통스러운 시간은 언제일까? 궁지에 몰릴 때? 해야 할 말이 생각나지 않을 때? 말이 꼬여서 도대체 어떻게 마무리 지어야 할지 난감해질 때? 모두 힘든 상황이기는 하다. 그러나 제일 힘들고 난감한 상황이면서도 자주 겪게 되는 것이 '침묵'이다. 둘만 있든, 여러 명이 함께하든, 한참 대화가 오가다가 어느 순간 침묵의 시간이 어색하게 이어질 때가 있다. 대화의 소재가 뚝 떨어졌을 수도, 지쳤을 수도 있다. 혹은 너무 어색하거나 어울리지 않는 소재로 말을 이어서 자연스럽게 마무리 짓기 위한 의도적인 침묵도 있다. 어찌 되었건 편안하지는 않다. 침묵의 시간을 편안하게 견딜 수 있는 관계란 이상적이고 편안하며 좋은 관계다.

어떤 사람은 침묵의 시간을 잘 이용해서, 침묵의 의미를 빠르고 정확하게 파악해 낸다. 말이 오갈 때보다 진정한 묵음의 느낌이 실시간으로 오가는 타이밍이기 때문이다.

이런 것을 잘 감지하는 사람은 소통의 내공이 있다고 할 수 있다. 예를 들어, 자동차를 같이 타고 갈 때처럼 작은 공간에 함께 있을 때 확인할 수 있다. 함께 이동하면서 이런저런 이야기를 하다가 갑자기 한 사람이 말을 하지 않는다고 하자. 특별히 언쟁을 벌이거나 사이가 틀어질 만한 일도 없었는데 차 안의 분위기가 조금 변하면서 싸해지는 것 같은 미묘한 변화가 발생한 것을 감지할 수 있다. 이런 것을 알아차리면 내공이 있는 사람이다. 이때부터 지난 몇 분 동안 나눈 대화를 복기해야 한다. 무심코 한 말 중에 실수를 하거나 상대를 거슬리게 한 말이 있었는지 찾아내는 것이다. 대화 내용을 살짝 돌려보면 바로 알아낼 수 있다. 여기까지 가능해도 그 사람은 내공이 있는 소통의 고수다. 그러고 나면 어디에서 문제가 생겼고, 어떻게 고쳐야 할지 어느 정도 감이 온다. 상대의 마음을 돌리기 위해 대놓고 사과할 것까지는 없지만 조금 기다려주고 상대가 민망해하지 않도록 마음을 다독이면서 그의 편을 들어주거나, 다른 주제로 조용히 돌리는 식으로 이야기를 다시금 시작하는 것이다. 이렇게 할 수 있다면 다른 사람에게 싫은 소리도 듣지 않고, 관계가 틀어지는 것을 막을 수도 있다.

## 레이더의 감도 조절

하지만 너무 민감하게 느껴도 피곤하다. 이런 상황을 전부 느끼고 세세하게 튜닝해야만 하기 때문이다. 정밀한 기계가 작동하기도 어렵고, 잘 고장나며, 비용도 많이 드는 것처럼 말이다.

침묵의 타이밍에 레이더를 돌릴 필요는 있지만 너무 감도가 좋아도 문제다. 10미터가 넘는 배만 확인할 대상으로 설정하면 되는데, 5미터짜리 배도 모두 의미 있는 정보로 해석하려고 들면 하나하나 확인하느라 피곤하고, 자칫 상대를 오해해서 피해의식이 생기기 쉽다. 그러므로 레이더를 적재적소에 사용하되, 적당한 감도를 유지하려고 노력하는 것이 중요하다. 관계의 내공이 있는 사람은 조금만 분위기가 싸늘해지고 어색한 침묵이 발생하면, 바로 레이더를 돌린다. 이성은 그다음에 확인하고 분석한다. 뇌는 계속 작동하며 무엇을 잘못했는지, 무엇이 문제인지 찾아내고, 아무 문제가 없다 판단되면 그때서야 마음이 안정된다. 하지만 레이더가 너무 자주, 빨리 반응하면 쉽게 놀라고 불안해질 수 있다. 이것은 바람직하지 않다. 부스럭 소리만 나도 깜짝 놀라는 토끼가 되어버린다.

특히 안 좋은 경험이 있거나, 실수하거나 불편한 일이 생겼을 때 민감하게 반응할 경우가 있다. 상황은 이미 지나갔는데도 또다시 그런 일이 생길까 봐 걱정한다. 이성적으로는 괜찮은 것을 알고 있지만, 내 마음은 또 그럴지도 모른다고 생각하고 있기 때문에 문제가 생긴다. 그러므로 피곤할 정도로 예민해져 있다고 생각할 때는 일부러 레이더의 감도를 낮추려고 노력해야 한다. 이와 같은 방식으로 대화 속의 침묵을 해석하고 몸으로 느끼고 반응하려 노력할 필요가 있다.


## 침묵이 주는 리듬감

침묵을 적절하게, 주도적으로 이용하는 경우도 있다. 아직 친하지 않은 사람과 만나거나 중요한 사람을 처음 만나는 자리에서 두 사람 사이에 대화의 흐름이 끊어졌을 때 긴장감이 최고조로 오른다. 한 가지 소재로 꼬리에 꼬리를 물고 대화가 이어지다가 어느 순간 이야깃 거리가 떨어진다. 그리고 몇 초간 침묵이 흐른다. 그러면 머릿속은 빠른 속도로 돌아간다. '이 사람의 취미가 뭐였지?', '책상 위에 사진이 있네. 가족사진인가? 가족에 대해 물어봐도 될까?'

침묵이 더 길어지면 어색함과 긴장감은 기하급수적으로 높아진다. 겨우 몇 초의 시간이 그렇게 길게 느껴질 수가 없다. 어떤 말을 꺼낼지 머리만 굴리는데 다행히 저쪽에서 먼저 말을 꺼내주면 그렇게 고마울 수 없다.

이렇게 대화하다가 필연적으로 나타나는 몇 초간의 침묵은 참 괴롭고 성가시다. 침묵의 시간이 길어지면 급기야 자신과 이야기하는 것이 싫고 재미없을지도 모른다는 생각까지 하게 된다. 그런 생각이 드는 순간 바늘방석 위에 앉은 형국이 되고, 땀이 송골송골 솟는다. 그러나 소통을 잘하기 위해서는 침묵의 불가피성을 이해하고 견뎌야 한다. 이런 침묵은 어색함 속에서 숨을 고르며 새로운 이야깃거리를 찾기 위한 준비의 과정이다. 내가 적절하게 이용할 수 있으면 상대도 편안하게 생각할 것이다. 침묵을 없애는 데에만 급급해서 대화를 나눌 만한 주제가 아닌 말을 성급하게 꺼내기보다는, 차라리 한 박자 쉬면서 차를 마시고 창밖을 내다보며 생각을 정리하는 것은 어떨까. 그런다고 해서 상대가 이야기하는 것이 재미없다고 여기지는 않을 것이다.

물론 물 흐르듯이 대화를 이어가는 것이 가장 좋지만, 이야기를 하다 보면 생각을 정리할 시간이 필요할 때도 있다. 그런데 상대방의 이야기를 들으면서 다른 주제를 생각하거나, 내가 말할 내용을 정리하는 것은 쉬운 일이 아니다. 특히 중요한 결정을 내려야 하는 상황이라면 더욱 그렇다. 그런 의미에서 상대방이 침묵한다고 해서 머릿속에 있는 소통하는 채널의 문도 함께 닫힌 것은 아니다. 잠시 공회전하고 있을 뿐이다. 이는 리듬감을 주기 위한 일종의 휴지(pause)일 수도 있다. 그런데 사람에 따라 휴지 시간은 아주 조금씩 차이가 난다. 그래서 아직 익숙하지 않은 관계에서 휴지가 긴 사람을 만나면 당황하게 된다. 침묵을 견디는 능력이 약한 사람들은 휴지가 긴 사람을 만나면 힘들다. 그래서 억지로 이야깃거리를 만들어내려 애쓰기도 하고, 의미 없고 상투적인 질문을 던져서 침묵의 어색함을 메우려 노력한다. 그러나 굳이 그럴 필요는 없다.

길을 가다 보면 잠시 한숨을 돌리며 주변을 돌아볼 시간이 필요하듯이, 대화 중에는 서로를 위해 잠깐의 침묵이 꼭 필요하다. 이어지는 주제가 아니라 원래 이야기하려던 다른 주제로 넘어가기 위한 인터미

션이자, 생각을 정리하고 리듬을 조정하기 위한 숨 고르기의 시간이다. 그러므로 침묵의 시간이 좀 길어지더라도 불안해할 필요는 없다. 그동안 나도 생각을 정리하면서 숨을 고르면 된다. 침묵이 길어진다고 해서 상대방이 나와의 대화를 싫어하고 지루해하는 것은 아니다. 불안감만 해소하면 침묵의 시간은 느슨해진 대화에 활기를 불어넣어주는 숨통을 트는 기능을 한다. 그러므로 좋은 소통을 위해서는 침묵을 견디는 인내심을 기르는 것이 필요하다.

침묵은 이렇게 많은 의미를 갖고 있다. 침묵을 잘 잡아내서 해석하고, 또 대화 도중의 침묵을 유용하게 사용할 줄 아는 능력은 소통의 흐름에서 아주 좋은 역할을 한다.

# 선입견 활용의 기술

## 누구에게나 존재하는 필터

1831년, 찰스 다윈은 비글호를 타기 위해 선장을 만나러 갔다. 그런데 선장은 그가 그다지 마음에 들지 않았다. 오랫동안 위험을 감수하면서 망망대해를 함께 항해할 선원을 고르는 일이기 때문에 선장은 아주 신중하게 사람을 고르는 편이었다. 그동안의 경험에 따르면 다윈의 코가 문제였다. 활기와 결단력이 부족해 보이는 모양이었기 때문이다. 그래서 선장은 바로 승낙하지 않고 사흘 동안 테스트한 뒤, 결국 다윈의 숙부가 써준 추천서를 받고서야 승선을 허락했다. 선장이 일언지하에 "당신은 관상 때문에 안 되겠어"라며 승선을 거부했다면, 『종의 기원(*On the Origin of Species*)』은 오늘날 없었을 것이며 진화론은

이 세상에 발표되지 않았을지도 모른다. 역사적으로 아슬아슬한 순간이었다.

미신적 믿음에 의존할 수밖에 없던 비글호 선장의 이야기는 요즘에도 적용된다. 모든 사람들에게 선입견은 대인관계 판단의 기본적인 토대다. 사람들과 대화를 나누다가 상대방이 왠지 모르게 방어적인 자세를 취하는 듯할 때, 내가 무슨 말을 하든 15도쯤 삐딱하게 바라보거나 색안경을 끼고 듣고 있는 듯한 기분이 드는 순간, 무척 긴장하게 된다. 심지어 어떤 사람은 피해의식에 사로잡히기도 한다. 대개 이런 일은 대화의 상대방이 나에 대해 선입견을 지니고 있기 때문에 일어난다. 선입견이라는 필터의 망이 촘촘한 사람은 아주 작은 일에도 긴장할 것이고, 망이 성긴 사람은 웬만한 일은 그냥 넘어갈 것이다. 때로는 필터의 세밀함 때문이 아니라 생김새로 인해 왜곡된 정보가 들어오기도 한다. 그런 경우에는 나의 진심이 다른 식으로 해석되어 의심을 받거나, 내 말을 끝까지 들어보기도 전에 결론부터 내려서 아주 낙담하기도 한다.

선입견은 누구에게나 존재한다. 본의 아니게 나 또한 가해자가 될 수 있다. 누구나 선입견으로부터 완전히 자유로울 수는 없다. 선입견은 소통을 가로막는 하나의 필터로, 진심이 직접적으로 전달되기 힘들게 만든다. 하지만 누구도 선입견이라는 필터로부터 자유롭지 못하다면, 달리 말해 선입견이 그 나름의 기능을 가지고 있다는 말도 된다.

## 선입견의 정체

한 친구가 어떤 사람에 대해 이야기하면서, 그 사람이 B형이라 이상하다고 단정했다. 그 말을 듣던 친구는 "모든 사람을 혈액형 네 개로 나눌 수 있어?"라며 의아해했다. 혈액형을 절대적으로 믿는 친구는 다른 선입견도 많았다. "얼마나 잘 맞는데. 그래서 사람 만나면 일단 혈액형부터 물어봐. 그리고 코가 보이는 들창코나 이마가 좁은 사람을 싫어해. 그런 사람은 꼭 뒤통수를 치더라고. 게다가 딸 둘에 아들 하나 있는 집에 둘째라면 얼마나 독할까." 이렇게 늘어놓자 다른 친구는 "넌 세상 살기 편하겠다. 단순해서"라며 웃었다. 그 말을 듣자, "어휴, 그러는 넌 복잡해서 좋겠다. 근거도 있다니까. 혈액형 성격에 대한 책도 있는 거 몰라?"라며 짜증을 냈다.

선입견은 사람의 인상을 경험적으로 분류해서 그 사람의 다음 행동을 예측하고 대처하는 데 유용하다. 컴퓨터에 비유하면, 새로운 정보가 들어올 때 기억 속의 특정 폴더에 저장해 두어야 나중에 찾을 때 편하고 그 폴더도 풍성해지는 셈이다. 이런 정보 처리 과정의 효율성 우선 원칙이 선입견 형성의 기본 토대다. 그러므로 선입견은 기억 속에 저장된 데이터베이스와 같다. 처음으로 어떤 사람을 만난 뒤 받은 첫인상, 몸짓 등 대분류에서 소분류까지 일련의 정보 처리와 분류 과정은 데이터베이스에 따라 아주 짧은 시간 내에 자동적으로 일어난다.

특히 우리나라 사람들은 사람 자체보다는 그 사람의 배경과 사회적

위치 등을 따지고 분류하는 방식을 선호하는 편이다. 그래서 사람을 처음 만날 때 "○○○입니다. 작은 중소기업에 다니고 있습니다"라고 소개하기보다는 "L사 엔지니어 기획실 대리 ○○○입니다"라는 식으로 대분류에서 소분류를 거쳐 직위까지 밝히고서야 마지막에야 개인의 정체성을 밝히는 이름을 소개하는 것이 일반적이다. 이런 사례도 선입견에 기초한 분류법으로, 사람을 평가하는 사회적 관습에 순응한 예다. 이름만 밝히면 도대체 왜 내게 접근하는지, 그를 어떻게 대해야 할지 알 수 없어서 대부분의 사람은 의아해하거나 긴장하게 된다.

그렇지만 그 사람의 사회적 정체성을 먼저 알고 나면, 사람은 모르더라도 사회적 관계에 대한 일반화된 사고 틀 속에서 어느 정도는 그 사람을 분류하고 위치 지을 수 있다. 그러고 나면 그 사람을 어떤 식으로 대해야 할지, 그 사람의 접근 목적이 무엇인지 등을 대략 판단할 수 있다. 개인을 각기 다르게 받아들이기보다는 경험적 지식을 토대로 만든 묶음으로 분류하여 판단하는 것이 실수를 줄여주고, 기본적 대응과 행동의 원칙을 수립하는 데 효율적이기 때문이다. 이와 같은 효율성 우선 원칙이 선입견에 따른 행동의 긍정적인 측면이다.

사람을 볼 때만이 아니라, 인간의 뇌는 언제나 듣지도 보지도 못한 사건이나 잘 모르는 일이 벌어지면 가장 비슷한 사례를 찾아내서 그 정보를 통해 상황을 판단하고 결과를 유추해 내는 시스템으로 되어 있다. 대니얼 카너만(Daniel Kahneman)과 아모스 트버스키(Amos Tversky) 박사는 1974년 「전망 이론: 불확실성 속에서의 판단(*Prospect theory: an analysis of decisions under risk*)」이라는 논문에서 이에 관한 실험을 제시했다. 그들은 피험자들에게 "영어에서 t로 시작하는 단어와 t가 세 번째 오는 단어 중 어느 것이 더 많을까?"라고 질문을 던졌다. 먼저 머릿속에 떠오르는 것은 t로 시작되는 단어다. 그래서 t로 시작되는 단어가 더 많다고 대답하게 된다. 실제야 어떻든 머릿속에 t로 시작하는 단어가 먼저 많이 떠오르니 그 편이 더 많을 것이라고 여기는 것이다. 그러나 이것은 틀린 추론이다. 실제로는 t가 세 번째 나오는 단어가 더 많다고 한다.

이렇게 사람들은 정보의 사용도와 중요성이 높을수록 실제로 그 정보와 마주친 빈도수도 높다고 가정한다. 그리고 그런 판단이 사실인 경우도 많다. 그러나 개인적 경험, 회상의 능력, 평소 기억된 정보를 분류하는 방식의 차이에 따라 오차가 생기고 실제와는 다르게 판단하는 경우도 많으며, 특히 불확실한 상태에서 판단을 내릴 때 이런 오차는 더욱 두드러진다.

오차는 다른 사람의 의견에 대해 잘못된 결정을 내릴 위험으로 작용한다. 어떤 사람의 말을 평가하거나 의견을 내놓을 때, 객관적인 사실이라기보다 자신의 경험 속에 두드러진 사건을 매우 중요하게 여겨서 일반화시킨 것일 가능성이 높기 때문이다. 이렇게 사건의 빈도나 확률을 판단할 때 실제 빈도에 근거하기보다 회상하기 편한 정도나 기억할 수 있는 정보의 양에 의존해서 추론하는 것을 '가용성 추단률(availability heuristic)'이라 한다. 그리고 선입견을 형성하는 데는 어쩔 수 없는 기억과 판단의 오류 혹은 개인화가 많이 작용한다.

## 생각 없이 생각하기

비글호의 선장이 다윈의 코를 마음에 들어 하지 않았듯이 누구나 마음에 들지 않는 부분은 있게 마련이다. 그러니 수백, 수천 장의 이력서를 읽어야 하는 인사 담당자는 이력서의 경력을 읽는 시간보다 순간적이어도 원서 속의 작은 사진 한 장이 미치는 영향력을 무시할 수 없다. 이는 나쁜 선입견을 만들지 않고 선입견이나 직관적 판단을 적극적으로 활용하려는 노력인 셈이다.

선입견의 약 90퍼센트는 의식의 차원에서 의도적으로 갖는 것이 아니라 무의식적이고 직관적으로 작동하는 것이다. 말콤 글래드웰(Malcolm Gladwell)이 『블링크(*Blink*)』에서 직관의 중요성에 대해 "생각 없이 생각하는 것(thinking without thinking)"이라고 정의내렸듯이, 직관은 선입견 구성 가운데 중요한 부분을 차지한다.

대개 전문가들은 오랜 경험을 통해 그 영역에서 예리한 직관력을 갖고 있다. "뭐라 설명하기는 어려운데 하여튼 이건 아니야"라고 말할 수 있는 것이 바로 직관의 힘이다. 직관은 말로 설명할 수 없고, 설명하다 보면 직관의 통찰력이 도리어 무뎌지는 아이러니한 특성을 지니고 있다. 반복적인 경험을 통해 차곡차곡 쌓여 엑기스만 모아두었다가, 어느 순간 진리라는 참값에 도달하게 되는 것이 바로 직관이다. 이렇듯 직관은 효율적이고 신속하게 판단하게 해준다. 설명하기는 어렵지만 답은 찾아내는 신기한 일을 해내는 것이다.

피츠버그 대학의 조너선 코헨(Jonathan Cohen) 교수는 복잡한 순열을 가진 조합을 만들어 사람들에게 순차적으로 버튼을 누르는 방식을 찾아내게 하는 실험을 했다. 논리적인 추론으로 규칙성을 찾아내기는 불가능한 수준의 복잡한 순열인데, 대부분의 사람들이 그 방식을 알아내지는 못했지만 피실험자들의 반응 속도는 시간이 지날수록 조금씩 빨라졌다. 반면 순열 생성 방식에 약간의 변화를 주면 피실험자들의 반응 시간은 다시 늘어났다. 이렇게 규칙에 대한 무의식적인 학습이 일어나는 동안 뇌의 영상을 촬영하면 전전두엽피질과 기저핵의 활동이 증가하는 것을 발견할 수 있었다.

이 실험에서 보듯이 우리의 삶에는 뭐라고 설명할 수 없지만 옳고 그름의 감을 잡는 경우가 많고, 그것은 나도 모르는 사이에 학습된다. 먼저 결정하고 나중에 설명하거나, 경우에 따라서는 설명이 불가능하지만 하여튼 '그렇다'라고 말할 수밖에 없는 상황이 존재하는 것이다.

그러므로 삶의 경험이 늘어날수록, 판단할 일이 많아질수록, 직관적 판단에 의존하게 된다. 마치 시험을 볼 때 무작정 찍은 답이 나중에 고민하고 망설이다 고친 답보다 정답일 확률이 높았던 것처럼 말이다. 하지만 자칫 직관에만 의존하게 되면 선입견이 될 수도 있다는 사실을 잊지 말아야 한다. 데이터베이스가 고정된 상태로 오래 지속되다 보면 자칫 오해하거나 미리 선입견을 갖고 사람을 대하는 바람에 너무 빨리 판단을 내려서 크게 실수할 위험도 있다. 그러므로 직관은 유용하지만, 선입견이 되지 않도록 언제든지 판단 근거의 폴더를 열어두고 조금씩 수정하는 자세를 유지해야 한다. 평소 판단이 빠르고 정확하며 사람 보는 눈이 있다고 자부하는 사람일수록 명심해야 할 태도다.

# 감정 게이지의
# 조도 조절

## 작은 일도 쌓이면 큰 일이 된다

양말을 아무렇게 벗어놓은 남편을 향해 아내가 버럭 화를 냈다. 이때 무안해진 남편이 별것 아닌데 화를 낸다며 불만을 토로하자, 아내는 "뭐가 별거 아니야? 제발 양말 벗어서 아무 곳에나 던져놓지 말라고 몇 번이나 말했어?"라며 목소리를 더욱 높였다. 남편은 싸우기도 싫고 피곤하기도 해서 대충 미안하다고 말하면서 피곤해서 그랬다고 변명했지만 아내는 더욱 화를 내며 소리를 질렀다. "당신은 집안일에 신경은 조금도 안 쓰고 도와주지도 않으면서 조금만 지저분하면 바로 눈살을 찌푸리지. 당신이 얼마나 이기적인 사람인지 알아? 내가 결혼하기 전부터 알아봤는데 어떻게 인간이 변하질 않아?"

양말 하나 잘못 벗어놓은 것 때문에 시작된 다툼은 성격 문제로까지 비화된다. 부부싸움은 칼로 물 베기라는 구태의연한 수사를 동원하지 않더라도 어느 집에서나 이런 식의 언쟁은 일어난다.

그런데 양말로 시작해서 전면적인 관계의 문제로 점점 확장되는 과정이 오히려 흥미롭다. 남편 입장에서는 양말을 아무 데나 벗어놓는 작은 실수로 인해 크게 화를 내는 것이 그저 황당할 따름이었다. 아내 입장에서도 그렇게 싸우고 나서 곰곰 생각해 보면 별일 아닌 것에 화를 낸 것만 같아 계면쩍어졌다. 그렇지만 여전히 분이 풀리지 않아 잠을 이루지 못하는데, 어느새 남편은 코를 드르렁 골며 속 편하게 잠을 잤다. 지난 주말에도 아이들과 놀러 가기로 해놓고 갑자기 골프 약속이 생겼다며 새벽같이 나가서 돌아오지 않은 일, 이번 주 내내 12시가 넘어서 술 냄새를 풍기면서 들어온 일, 그저께 친정 가족 모임에 약속이 있다면서 불참한 일 등이 주마등같이 머릿속을 스쳐지나갔다.

문제는 양말을 아무렇게나 던져놓은 데 있지 않았다. 감정을 벼랑 끝까지 몰고 간 것은, 그 밑에 깔려 있지만 보이지 않던 수많은 자잘한 일이었다. 이렇게 감정 게이지가 올라가는 것을 보지 못하다가 어느 순간 폭발하는 바람에 '별것도 아닌 일에 화가 난 사람'으로 몰리게 되는 일을 누구나 왕왕 경험하게 된다.

조약돌 하나 던졌을 뿐인데 찰랑거리던 저수지의 물이 넘쳐 올라 둑을 무너뜨리게 할 수 있듯이, 인간관계에서의 소통도 그렇다. 그 일 하나만 놓고 보면 큰 문제가 아닐 수 있다. 그런데 차곡차곡 쌓여온 감정이 위험 수위에 이르렀을 때 아슬아슬하게 쌓여 있는 돌무더기 위에 작은 돌멩이 하나를 올려놓으면 석탑이 와장창 무너져 내리듯이 감정의 물꼬가 터져버릴 수도 있다.

이성적으로 생각해서 판단하면 될 일을 감정에 휩싸여서 판단하는 건 미성숙한 개인의 문제일 뿐이라고? 그렇지 않다. 감정과 이성은 무 자르듯이 둘로 나눠서 볼 수 있는 것이 아니기 때문이다. 편의상 크게 둘로 나눠서 분류하고 평가하지만 둘은 서로 상호의존적인 개념이고, 감정으로부터 완벽하게 독립적인 이성적 판단은 환상에 불과하다.


## 내 몸이 기억하고 있는 것들


보통 감정은 편도체에서 관장하고, 이성의 핵심이라 할 만한 기 억력은 해마체와 관련이 있다. 해마체가 관장하는 기억은 주로 '사건 에 관한 기억'이다. 언제 무슨 일이 있었고, 저 물건의 이름은 무엇인가 와 같은 것을 기억하는 것이다. 어떤 사건이나 사물을 인식할 때에는 감정과 이성 두 가지 측면으로 정보가 입력되는데, 이때 감정은 기억 에 가중치를 부여한다. 오래 기억해야 할 것은 무엇인지, 혹은 어떤 색 깔로 기억할지 채색하는 역할을 하는 것이다.

평소 아무리 애써도 기억해 내기 힘들던 과거의 일이 비슷한 느낌 의 감정이 느껴질 때 아주 쉽게 떠오르는 경험은 이런 감정의 가중 치 덕분이다. 이렇게 해마체와 편도체는 어떤 사물을 저장하고 꺼내 는 일에 있어서 끊임없이 정보를 주고받는다. 그리고 기억과 감정이 섞여 나온 정보의 가치를 판단해서 빠르게 반응하도록 해주는 곳이 뇌의 판단 중추인 전두엽의 한 부분에 속하는 내측 전전두엽(medial prefrontal cortex)이다.

뇌의 해마가 파괴된 환자가 있었다. 그는 매일 의사를 만나서 인사하지만 다음 날이면 또다시 처음 만난 것처럼 대했다. 기억이 학습되어 저장되는 장치가 망가진 후유증이었다. 하루는 의사가 장난삼아 손바닥에 압정을 붙인 후 인사하면서 악수를 청했다. 악수한 환자는 손바닥의 압정에 통증을 느꼈다. 의사는 미안하다고 사과했다. 다음 날 다시 의사가 회진을 갔다. 이번에는 압정을 붙이지 않은 상태였다. 환자는 매일 그렇듯이 처음 만나는 사람처럼 의사의 얼굴을 보면서 인사했다. 의사가 손을 내밀면서 악수를 청하자 환자가 처음에는 별생각 없이 손을 내밀다가, 의사와 손이 닿을 때쯤 갑자기 손을 뒤로 물렀다. 한 번도 없었던 일이었다. 의사가 왜 그러는지 묻자, 환자는 왜 그러는지는 모르겠는데 왠지 그러고 싶었다고 대답했다. 해마체의 기억 장치에는 저장이 되지 않아서 상대방이 누구인지는 잊어버렸지만, 전날에 아픔을 줬던 상황은 편도체에 저장되어 있다가 무의식적으로 반응한 것이다. 그래서 손을 빼서 위험에서 벗어나도록 명령을 내렸다.

감정적인 기억이란 이렇게 전혀 다른 방식으로 저장되고 오랫동안 유지되면서 일반적 기억보다 훨씬 강렬하게 우리의 삶과 판단, 행동에 영향을 미친다. 특히 고통스러운 감정과 연관된 기억은 더욱 강력하고 오래간다. 이는 일반적인 기억 시스템과 독자적으로 입력되어 저장되며 쌓인다.

몸보다 먼저 반응하게 하고 호불호를 즉각적으로 판단하도록 하는 감정적 기억은 한편으로는 게이지와 같이 역동적인 것이면서도 다른 한편으로는 차곡차곡 쌓이는 것이다. 악순환의 고리에 빠지지 않도록 하기 위해서는 이 게이지의 눈금이 어느 방향으로 향해 있고, 또 얼마나 한쪽 방향으로 치우쳐 있는지 확인해야 한다. 그래서 극단적인 수준까지 가지 않도록 관리해야 하는 것이다.

그런데 문제는 게이지가 눈에는 보이지 않는다는 점이다. 그리고 이런 말에는 몇 점, 이런 행동에는 몇 점이라는 식으로 점수를 매겨서 합산할 수도 없다. 객관적으로 보면 사소한 일이라도 개인적으로는 너무 싫을 수 있고, 그 반대의 경우도 있을 수 있기 때문이다. 이렇게 내 감정도 알기 어려운데 남의 감정 게이지를 읽는 것은 얼마나 어렵겠는가? 또 부정적으로 느낄 일도 맥락을 이해하면 감정이 사그라지면서 별일 아닌 것이 되어 감정 게이지에 영향을 미치지 않을 수 있다.

그래서 단번에 감정의 게이지를 읽기란 어렵다. 그렇지만 게이지의 존재 자체를 모르고 감정에 충실한 채 좌충우돌하는 사람들이 많다. 눈을 손수건으로 가린 채 여기저기 뛰어다니니, 남는 것은 생채기뿐이다. 감정의 게이지 자체를 부정하면서 말로는 자신이 매우 이성적인 사람이라고 말하는 사람들이 있다. 그러한 사람들은 사실은 수많은 갈등과 이유 모를 분노, 번민으로 힘들어하며 이해하기 힘든 반응을 보이곤 한다.

## 기억의 적금통장, 감정 게이지

물을 엎지르고 난 뒤 후회하지 말고, 미리 감정적 기억의 적금통장이라는 게이지가 있다는 사실을 인정하는 것이 인간관계에서 후회할 만한 실수를 범하지 않는 첫걸음이다. 그다음에는 끊임없이 감정의 게이지를 보충하고, 그것이 판단이나 말에 어떤 영향을 미치고 있는지 확인하는 과정을 반복해야 한다. 그런 과정을 반복하다 보면 점점 게이지는 섬세해지고 작은 눈금의 변화까지 느낄 수 있게 된다. 그 느낌에 따라 반응을 조절하다 보면 어느새 감정의 게이지를 조작하는 수준에 도달할 수도 있다.

자신의 감정 게이지가 어렴풋이 보이기 시작하면 타인을 용서하거나 자신이 한 일을 반성하는 일도 전보다는 쉬워진다. 대개 "이해는 되는데 용서가 안 돼"라는 말을 하곤 하는데, 머리로는 타인의 잘잘못이나 본의 아니게 피해를 준 이유를 이해할 수 있지만 마음으로는 상대를 용서하지 못하는 상태를 말한다. 이해와 용서에는 시간차가 존재하며, 이 두 가지 카테고리는 다른 메커니즘에 따라 움직일 수밖에 없다. 다만 우리가 할 수 있는 일은 그 사이를 좁히려 노력하는 것이다. 그러므로 무조건 감정을 덮어두고 억누르기만 할 것이 아니라 자신의 감정을 들여다보려는 노력이 필요하다.

대개 사람들이 가장 두려워하는 것은 화를 폭발시키는 일이 아니라, 자기 스스로를 조절하지 못하는 것이다. 그래서 자신에 대한 조절 능력을 잃어버릴까 봐 두려워서 화를 억지로 억누른다. 그러면서 화가 빠져나갈 구멍도 만들어놓지 않는다. 그러다 보면 결국은 더욱 크게 폭발하고 마는 참사가 일어나게 된다.


## 감정의 폭탄이 날아올 때


정신분석가 도널드 위니코트(Donald Winnicot)는 아이의 정서 발달에 무엇보다 중요한 것이 '안아주는 환경(holding environment)'을 조성하는 것이라고 말했다. 어머니가 아이의 마음을 파악해서 제대로 반응하고 공격성이나 좌절감을 적당한 수준에서 받아줄 때 공격성은 누그러지고 아이의 감정은 순응할 수 있게 된다는 것이다.

감정의 폭탄을 날리는 사람들은 사실은 상처가 많은 사람이다. 안아주는 환경을 경험하지 못해서 공격성이 발달했고, 공격성을 표현하면 바로 반격당하는 악순환 속에서 공격적 대화의 날을 한껏 세워온 사람들인 것이다. 그러므로 그러한 상황에서 대화해야 할 때, 어렵지만 받아쳐서 기를 눌러버리고 버르장머리를 고쳐주고 싶다는 욕심부터 억눌러야 한다. 그리고 받아주고 들어준다. 힘들겠지만 공격성을 받아주다 보면, 상대의 감정 게이지는 제풀에 서서히 김이 빠지듯이 내려가고 그는 어느새 나를 전폭적으로 신뢰하게 된다. 이와 같이 감정 게이지는 관계에서 매우 중요하다.

내 안의 감정 게이지, 그리고 상대방의 감정 게이지를 읽고 조절하는 일, 감정 게이지에 의해 나와 상대방의 진심이 왜곡된 방향으로 흘러가지 않도록 조심하는 것이 관계의 노력에 있어서 가장 중요한 부분이다. 지금 당신의 감정 게이지는 온오프 스위치만 달려 있지는 않은가? 아니면 조도 조절도 가능한가? 가슴을 열어서 확인해 보자.

# 대화의
# 흐름 타기

## 대화에 윤기를 더하는 질문

대화할 때 질문이라는 형식이 없다면 어떨지 상상해 보자. 그저 자신의 이야기만 할 수 있을 뿐, 내가 궁금한 것에 대해서는 상대방에게 물어볼 수 없으니 대화는 건조하고 답답할 것이다. 만일 질문이란 것이 없다면 이 세상의 경전은 단 한 권도 빛을 보지 못했을지도 모른다.

『논어』는 공자와 그의 제자들 사이에 오간 질문과 대답을 모아놓은 책이고, 『신약성경』의 많은 부분도 제자들이 예수에게 질문하고 답한 과정을 적은 것이니 말이다. 불경의 대부분도 부처와 제자들의 문답이다. 그리스의 철학자 소크라테스가 제자들을 가르친 방법도 문답법이었다고 한다. 그만큼 질문이라는 것은 대화를 이끌어나가고, 새로운 생각을 하게 만들고, 더 나아가 인생의 깨달음을 얻게 하는 촉매가 되어 준다.

아주 멀리 가지 않고서도 질문과 대답을 중요하게 여기는 사람을 가까이에서 찾을 수 있다. 바로 미국 의학 드라마 〈닥터 하우스(*Dr. House*)〉의 주인공 하우스 박사다. 그는 진단의학과의 의사들에게 끊임없이 질문하고 대답하도록 하면서 원인을 알 수 없어서 치료할 수 없던 환자를 진단해 낸다. 그의 사고방식에서 질문은 가장 중요한 요소였다. 그래서 그가 제일 싫어하며 냉소적인 반응을 보이는 것 중의 하나가 하나마나한 질문, 상투적인 질문이다.

그렇다면 좋은 질문은 어떻게 하는 것일까? 모든 내용을 한 번에 함축해서 던지는 것은 좋은 질문이 아니다. 그보다는 처음부터 끝까지 흐름을 타고 응답의 수준에 맞춰서 대화를 적절히 풀어가며 대답하는 사람이 미처 모르던 내용을 결국 깨닫게 하는 것이다.

내가 직접 이래라저래라 지시를 내리는 것보다, 상대방이 나의 질문에 대답하면서 자연스럽게 자신의 행동을 결정하도록 하는 편이 훨씬 효과적이다. 특히 상대방이 소심하고 주눅 들어 있거나, 서로 어색한 사이일 때는 질문을 먼저 던지는 것이 좋다. 이럴 때 하는 질문은 먼저 상대방을 기분 좋게 하는 것으로 시작한다.

"오늘 옷차림이 보기 좋네요, 넥타이는 직접 고르시나요?"와 같이 부담 없이 대답할 만한 내용을 던진다. 의견을 구하는 질문도 좋다. "책을 좋아하신다고 들었는데, 휴가 중에 읽을 만한 책 한 권만 권해

주실래요?"

이렇게 말의 물꼬를 트고 나면 서먹하던 두 사람의 관계는 급물살을 탈 수 있다. 그러나 너무 공격적으로 꼬치꼬치 캐묻지 않아야 한다. 연봉이 얼마인지, 결혼했는지 등을 처음 만난 사람에게 천진난만한 표정으로 묻는 사람을 보면 옆에서 보는 사람조차 질겁하게 된다. 그리고 그 질문을 받은 사람의 표정에서 꽤 당혹스러워하는 것을 확인하게 된다. 본의가 아니더라도 비난받고 있거나 뭔가 추궁받는 기분, 혹은 취조 당하는 기분, 사생활을 침해 당하는 기분이 들게 하는 질문을 하거나, 그런 태도를 취하는 것은 좋지 않다.

질문의 1차적 목적은 궁금증을 풀기 위한 것이다. 아이가 왜 하늘은 파란색인지, 왜 고추는 매운 건지 끊임없이 질문하는 것은 세상이 궁금하기 때문이다. 원래 질문의 용도는 이런 것이다. 그러나 어른들의 소통에서 '궁금증의 해결'은 어느 선을 넘어서면 안 된다. 지금 당장의 궁금증을 푸는 것보다 한 단계 높은 작업을 위해 질문의 용도를 바꿔야 한다. 그래서 상대와의 대화를 풍성하게 하고 원활하게 촉진하며, 상대가 말을 풀어나갈 물꼬를 트도록 질문을 던진다. 개인적 궁금증은 잠시 누르고, 그보다 상대가 말하고픈 부분이나 상대가 깨달을 만한 부분에 대해 가볍게 질문을 던지는 것이 좋다. 그러다 보면 개인적 궁금증도 해소될 수 있다.

질문에서 중요하게 여겨야 하는 것은 나의 질문을 통해 상대방이 미처 생각해 내지 못했던 것을 깨닫거나 생각해 내도록 돕는 것이다. 그런 일을 경험하고 나면 상대방은 질문한 사람에게 호감을 가지게 되고 신뢰하며 의존한다. 그렇기 때문에 멋진 말 한마디 하는 것보다는 상대방이 뭔가를 혼자서 깨달을 기회를 주는 질문을 만드는 것이 몇 배나 어려운 일이다. 그러므로 대화할 때 질문을 잘하고, 흥미를 계속 유지하게 하며, 더욱이 그 사람의 질문을 기다리게 만드는 사람은 소통의 고수라고 할 수 있다. 그러므로 대화할 때 자기 생각을 폼나게 포장하기보다는 좋은 질문을 준비하는 데 더 많은 에너지를 쏟도록 노력한다.

## 상대의 변화를 이끌어내는 힘

그러나 어떤 질문을 할지 생각하느라고 상대의 말에 집중하지 않는 것은 좋지 않다. 또 질문만 하고 나서 질문했다는 사실에만 만족해 상대의 말을 듣지 않는 것도 좋은 버릇은 아니다. 사람에 따라서는 질문을 해놓고 다음 질문을 생각해 내느라 정작 상대가 대답하는 것은 경청하지 않는 경우가 있다. 특히 말하기를 좋아하는 사람들이 흔히 저지르는 실수다. 어떤 재미있는 이야기를 떠올리고는 그 이야기를 생각하느라고 남이 하는 말은 안 듣는 것이다.

탁구에서 서브한 다음, 상대가 리시브하면 바로 스매싱하는 전략이 있다. 서브를 통해 상대가 어렵게 리시브해서 자기가 스매싱하기 좋은 코스로 공이 오게끔 유도하는 것이다. 이런 질문도 관계의 관점에서 보면 그리 좋은 질문은 아니다. 상대가 어떤 대답을 할지 유도하고, 거기에 걸려들면 잘 됐다는 듯이 자기가 할 말만 퍼붓는 것이다. 이는 상사와 부하 직원, 엄마와 아이 사이에서 흔히 볼 수 있는 유형이다.

나는 말을 잘하는 사람이 되기보다 잘 듣는 사람, 더 나아가 질문 잘하는 사람이 소통의 달인이라고 생각한다. 정신과에서 상담할 때도 의사는 별로 말을 많이 하지 않는다. 잘 들어주고 고개를 끄덕여주면서, 가끔 질문을 던질 뿐이다. 이런 경우 적절한 질문은 내담자가 전혀 모르고 있는 사이 무의식에서 전의식으로 올라오는 의식 근처를 간질이던 핵심적 통찰로 이어지는 문을 열어준다. 그것으로도 충분하다. 그의 무의식적인 갈등에 대해 의사가 이해한 대로 심오하게 해석하기보다, 내담자가 한 번도 생각해 보지 못하고 느껴보지 못했지만 자기 안에서 반복되어 왔던 일들의 메커니즘을 깨닫게 하고 그것을 내담자 스스로 말할 수 있게 하는 계기를 만들어주는 질문이 훨씬 치료에 도움이 된다.

소통에서도 마찬가지다. 문득 연관이 없어 보이는 질문에서 새로운 아이디어가 떠오르거나, 문제의 본질을 찾아내는 일을 경험해 보지 않았는가. 질문은 궁금증을 해소하기 위해서만이 아니라 상대와의 소통을 질적으로 높이며 상대의 변화를 이끌어내기 위한 마술 지팡이와 같은 효과를 낼 수 있다. 특히 어느 방향으로든 변화가 필요한 사람에게는 좋은 질문이 특효약이다. 내가 말로 해서 상대의 귀로 들어가는 내용은 행동의 변화로 이어지기 어렵다. 밖에서 들어온 내용은 일단 나의 생각과는 이질적인 내용으로 분류되기 때문에, 따라 하더라도 내 것이라고 생각하기는 어렵다. 그보다 내가 질문하고 그 질문에 대답할 때, 대답의 내용이 내가 바라는 변화의 방향이라면 그 내용은 바로 행동의 변화로 이어질 가능성이 높다. 자기가 한 말이기에 보다 쉽게 자신의 생각이 될 수 있기 때문이다. 이것이 좋은 질문이 지닌 힘이다.

**소통, 생각의 흐름**

초판 1쇄 2014년 4월 25일
초판 3쇄 2018년 7월 20일

**지은이** | 하지현
**펴낸이** | 송영석

**주간** | 이진숙 · 이혜진
**기획편집** | 박신애 · 정다움 · 김단비 · 정기현 · 심슬기
**외서기획** | 박지영
**디자인** | 박윤정 · 김현철
**마케팅** | 이종우 · 김유종 · 한승민
**관리** | 송우석 · 황규성 · 전지연 · 채경민

**펴낸곳** | (株)해냄출판사
**등록번호** | 제10-229호
**등록일자** | 1988년 5월 11일(설립일자 | 1983년 6월 24일)

04042 서울시 마포구 잔다리로 30 해냄빌딩 5 · 6층
**대표전화** | 326-1600 **팩스** | 326-1624
**홈페이지** | www.hainaim.com

ISBN 978-89-6574-416-0